健峰企管丛书

5年营收2倍成长的秘诀

5NIANYINGSHOU2BEICHENGZHANGDEMIJUE

［日］小山升 —— 著

健峰企管集团 —— 译

宁波出版社
NINGBO PUBLISHING HOUSE

图书在版编目（CIP）数据

5年营收2倍成长的秘诀/（日）小山升著；健峰企管集团译. — 宁波：宁波出版社，2017.4
（健峰企管丛书）
ISBN 978-7-5526-2823-4

Ⅰ.①5… Ⅱ.①小…②健… Ⅲ.①企业管理 Ⅳ.①F272

中国版本图书馆CIP数据核字（2017）第007934号

5NEN DE URIAGE 2BAI NO KEIEI KEIKAKU O TATENASAI
©2013 Koyama Noboru
First published in Japan in 2013 by KADOKAWA CORPORATION,Tokyo.
Simplified Chinese translation rights arranged with KADOKAWA CORPORATION,Tokyo through Sun Cultural Enterprises Ltd.

图字 11-2017-23号

5年营收2倍成长的秘诀

著　　者	[日]小山升
译　　者	健峰企管集团
出版发行	宁波出版社
	（宁波市甬江大道1号宁波书城8号楼6楼　邮编：315040）
网　　址	http://www.nbcbs.com
责任编辑	俞　琦
责任校对	黄　薇　胡雯艳
封面设计	Add1design
内文设计	金字斋
印　　刷	浙江新华数码印务有限公司
开　　本	880mm×1230mm　1/32
印　　张	5.75
字　　数	120千
版　　次	2017年4月第1版
印　　次	2017年4月第1次印刷
标准书号	ISBN 978-7-5526-2823-4
定　　价	45.00元

版权所有　翻印必究
本书若有印装问题影响阅读，请与宁波出版社联系调换，联系电话：0574-87286804

推荐词

中国从 1953 年开始制定第一个"五年计划",至 2016 年为止,已经制定了十三个"五年规划"。回顾其历史,不仅能描绘建国以来经济发展的大体脉络,也能从中探索中国经济发展的规律,通过对比与检视过去,可以从历史的发展中获得宝贵的经验,从而指导未来的经济发展。经营企业如同建设国家,在漫长的发展历程中,一个有前瞻性、远见性和可行性的指导方针好比苍茫大海中的指路明灯,始终引导着企业行驶在正确的航道上。

十年二十年的长期计划,历时较久,内容冗杂,不精不专,将难以适应瞬息万变的社会发展局势,拖累企业进度,惨遭淘汰;一年两年的短期计划,总是不断被改写和重新定义,在混乱的变动过程中不免逐渐偏离重心。对于经营企业来说,一个又一个"五年计划",就好比攀登路上的一座座"险峰",将整个过程分为一段又一段的征途,在逐个击破的过程中,不仅获得了巨大的成就感,更点燃了对征服下一个目标的强烈欲望。欲望以提升热忱,毅力以磨平高山。

小山升先生在书中提到:"之所以要制订长期事业计划,是为了明确今天应该做什么。而通过制订 5 年营业额翻倍的长期事业计划,就能明确现在应该做什么。"小山升先生领导的武藏野公司,在10年的泡沫经济和2008年雷曼事件后这些不景气的时代中，依然能够辅佐其所指导的500多家会员企业持续增收，突破历史最高收益。"以史为鉴，可以知兴替"，在感叹武藏野公司拥有力挽狂澜本领的同时，更应入木三分地深剖其内部的真正原因——5年营业额翻倍的经营计划。

这是一个不改变就无法生存的时代，

这是一个不颠覆就无法前行的时代。

寄希望于《5年营收2倍成长的秘诀》这本书，激励你的改变之心，勉励你的颠覆之意，接下去的5年、50年，企业之树永远枝繁叶茂，企业之魂永恒历久弥新。

健峰企管集团

董事长　叶斯水谨识

前　言

▼ 决心改变至今为止的经营模式

我是小山升，在武藏野股份有限公司担任总经理，每年我都制订"5年营业额翻倍"的经营计划。同时，在为各企业经营支援公司创办的实践经营学校中的"经营计划编制集训"上，也会要求参加的总经理制订"5年营业额翻倍"的长期经营计划。

那么，为什么要制订"5年营业额翻倍"的经营计划呢？

因为我想让参加培训的总经理们认识到，按照一成不变的思路继续经营，公司是不会得到发展的，只有改变至今为止的经营模式，才能使公司获得发展！

当然，5年营业额翻倍，是一个相当远大的目标，因此所有的总经理都感觉无从下手。

"当小山总经理让我们定出5年营业额翻倍的长期事业计划时，我只是笑笑。因为我当时认为，维护好从父亲手里继承过来的固定客户，是眼下最需优先考虑的工作……"（大谷内光男，总经理，群马县，物流服务有限公司，运输业）

"我当时认为'肯定是不可能的事吧'。（笑）因为正值公共投资减少、建设公司相继出现破产的时代，与其勉强进行大力发展，还不如保守地稳健发展。我认为能实现的最大限度的增长率是2%。"（田中正彦，总经理，岛根县，SANBIRU股份有限公司，房屋综合性管理）

"因为压根就没想过5年营业额翻倍，所以小山总经理最初要求我们制订时，我没能制订出这样的计划。加之我们从事的行业不是可以期待营业额有所增长的行业，因此根本就没考虑怎样才能使营业额每年增长15%。"（池畑弘树，总经理，三重县，池畑运输股份有限公司，运输事业）

"我当时制订了短期计划，但没有制订长期计划。因为我们通过查阅长期以来的数据，发现仅凭原有的营业计划，是不可能实现经营利润翻倍的。"（铃木敏二郎，总经理，茨城县，茨城县大同蔬果股份有限公司，批发业）

"我们公司倒是制订了以3年为目标的中期计划，但没有落实到这么详细的数据……"（住吉峰男，总经理，广岛县，广岛瓦斯高田销售股份有限公司，液化石油气制造销售业）

"我们公司虽然原本就有长期经营计划，但没有具体到数据，只不过是抱着'如果能达到这种效果就好了'的希望吧。就只是初步设定了一个这样的意向。"（角野充俊，总经理，冈山县，加茂纤维股份有限公司，服饰制造销售业）

若设定"5年营业额翻倍"的目标，营业收入每年增长率就需要达到15%。而要实现这个目标，仅凭目前的做法是难以实现的，因此只有从"新事物"开始着手。

所谓"新事物"，譬如为积极开展新事业或者开拓新客户而改变方式方法、扩大商圈、向优质部门投入人才、进行M&A（企业的合并与收购)、撤掉亏本部门等等。

也就是说,需要通过制订"5年营业额翻倍"的经营计划来改变至今为止的经营模式。换言之,就是作为公司要向"新事物"进行挑战。

的确,2%的增长率或许可以实现,但是,仅凭制订稍微努力就能实现的计划,或许可以改变公司的现状却不能使公司发展壮大。

▼ 这是个不改变就无法生存的时代

很多经营者认为自己的对手是竞争公司,其实不然。

我们的对手是时代。

即使眼下竞争公司是我们的短期对手,但对经营者来说,最大的对手却是时代的变化。因此,经营者从长远角度考虑时代的变化趋势非常重要。

譬如音乐,在爱迪生出生之前盛行的是乐团演奏,但由于唱片的诞生,乐团的市场被吞噬殆尽,而后来唱片又逐步被盒式录音带、CD、内存卡、音乐发行等方式取代。

总而言之,随着时代变迁,经营环境也随之改变,若公司不实施改革以适应不断改变的经营环境,企业经营就难以长久。

很多经营者认为,改变就会招致不稳定,深信不改变=稳定。

但事实上,不改变才会招致不稳定。

改变=稳定。

变化,不会等我们公司跟上步伐。

变化,不会顾及我们公司的状况,而是径自前行。

不改变的公司终将跟不上时代发展，最终面临倒闭的命运。只有适应客户需求不断改变的公司才能生存。

▼ 可口可乐自动售货机的本质

请回想下可口可乐的自动售货机。

即使自动售货机上设置了 36 个选项（最多可设置 36 种商品），但被展示的可乐数量却只有 1 瓶或 2 瓶。那么被展示种类最多的是什么呢？是咖啡。也就是说实际上最受欢迎的不是可口可乐，而是可口可乐牌咖啡。

可口可乐公司积极开展咖啡与茶的制造及销售，恰恰说明他们在一边预测市场的变化，一边改变经营的业务内容。

其结果是，可口可乐公司的自动售货机占日本国内市场四成的份额（截至 2012 年为止的 98 万台）。可口可乐公司正因为从长远角度出发对市场进行预测，制订对策，才有了今天的骄人业绩。

另一方面，也有因为"没有改变"而失去良好发展势头的行业，那就是日本酒业。在酒类中，日本酒的销售量下降比较明显，其制造量曾在 1968 年达到 142 万 1000 千升的顶峰，而 2009 年却跌至 46 万 1000 千升（据日本国税厅调查数据）。

日本酒的销量之所以下降，虽然与现在年轻人推崇远离酒精的观念以及宴会的减少等因素有关，但我认为日本酒被现在的畅销酒夺去了光彩，是因为日本酒：

没有预测世界的变化，

没有制订长期事业计划。

如果酿酒厂放眼 5 年后、10 年后，投资于未来，或许可以控制住营业额减少的趋势。如果我做酿酒厂的总经理，我会在赚钱的同时投资于未来，酿制熟化陈酒。

同时，如果有利润，我也不会考虑保留大量款额在公司。因为我考虑的不是将钱放在手里，而是投资于 10 年后可以高价卖出的美味的酒。

如果在赚钱的时候就提前买下米并进行熟化加工，就可以节减经费。因为米如果没有转化为产品酒，就无法为其定价，也就无需缴税。

像唐培里侬香槟王，就经过了较长时间的熟化才成为了最高级的年份香槟，而对于葡萄酒和威士忌来说，其熟成期越长，卖价也就越高，因此如果酿酒厂也制造熟化陈酒，就应该可以在 10 年后高价卖出美味的酒。

酒，不是因为贵而不喝，而是因为不好喝才不喝。如果是好喝的酒，即使再贵也要喝。我不喝绍兴酒，但如果是绍兴老酒，即使再贵，我也喝，因为好喝嘛。

▼ 现在的行政工作也需要制订长期事业计划

当今世界，已经不是只有中小企业和大企业的公司经营需要制订长期事业计划了，而是连行政工作也需要制订立足现在及放眼 5 年、10 年后长期事业计划的时代。看一下美国的拉斯维加斯和东京都的三鹰市就可以明白这一点。

我第一次去拉斯维加斯时，那里人口约 70 万，10 年后增加到

140万，而现在达到了210万。在世界发展的历史长河中，短短10年人口增长一倍的地区只有拉斯维加斯。

拉斯维加斯为什么会发展如此迅速呢？

因为内华达州政府制订了长期事业计划。按照长期事业计划，内华达州政府向拉斯维加斯的各酒店承诺："有了利润后，只要将其用于再投资就可免税。"各酒店老板一想，"与其将盈利部分留作需缴税的用处，不如用于可以免税的再投资"，于是纷纷增建楼塔和附属建筑（辅楼）。

如果打算修建新的设施势必会雇用员工。而雇用员工，就会增加征收税。如果市场扩大，公司数量就会增加，那么政府就可以向有利润的施工企业收取税金。如果人口增加，雇用和消费也会增加，最终税收也跟着增加。所以说拉斯维加斯考虑的不是"收取"税金，而是长期"创造"税金。

而东京都的三鹰市政府考虑的也是如何创造税金。过去的三鹰市，是以汽车制造业为中心，拥有大规模工厂企业的城市。但随着时代的变迁，工厂企业纷纷倒闭。三鹰市的财政状况逐步恶化，于是三鹰市将发展方向转向了"创造税金"。

举措之一是让女性员工人数较多的企业使用日产汽车的工厂旧址。原因是女性比男性消费积极。

举措之二是在三鹰市建成了三鹰之森吉卜力美术馆。吉卜力工作室股份有限公司位于东京都小金井市。小金井公园（位于小金井市）和井之头公园（位于武藏野市）曾作为吉卜力美术馆的候选馆址，但皆因需多方调整而被否决。而井之头公园的五分之一位于三鹰市，因此最终一致同意在三鹰市内建设吉卜力美术馆。

去过的人都知道,从吉祥寺站(位于武藏野市)出发到吉卜力美术馆比从三鹰站出发距离近。然而,发往吉卜力美术馆的公交车的始发站却定为三鹰站。这是有原因的。

吉卜力美术馆建成开馆,增设就业岗位,吸引人潮,从而促进了消费。于是,三鹰市的财政收入也随之增加。正因为三鹰市坚持长期创造税金的思想理念,才使财政税收转亏为盈。

将来,如果怠于从长远角度考虑问题,或者不预测世界怎样改变并采取对策,无论是谁都会被时代抛弃吧。

▼ 5年营业额翻倍计划使公司得以发展

由我担任总经理的武藏野公司,荣获过日本经营质量奖(2000年、2010年)等奖项,被公认为是强大、击不垮的公司。(设立日本经营质量奖之后,同一单位两次获奖,武藏野公司是当时全球第6家,而在日本企业之中则是首家。)

自1977年开始,我就一直坚持制订包括5年经营计划在内的长期事业构想书。而现在引领武藏野公司不断发展的经营支援事业(即对500家公司以上的会员企业进行经营指导),也是在制订了5年营业额翻倍的经营计划之后应运而生的业务。

在制订第44期长期事业构想书时,5年营业额翻倍的计划被认为是荒诞、不切实际的,但现在回头看,不仅实现了目标,甚至还提前1期完成了5年营业额翻倍的计划。

尽管经营支援事业是从2001年才开始运行的业务,但现在却处于与始于日本SERVICE MERCHANDISER股份有限公司(武藏野公司的前身，乐清在东京第 1 个加盟店）时代延续下来的乐清事业并驾齐驱的地位，且营业额在不断增加。

目前，经营支援事业部的 500 多家会员企业中，没有一家破产，许多企业不仅实现了增收增益，约 20% 的企业甚至还创下了历史最高的收益记录。本书开头介绍的各会员企业，无一不是通过制订 5 年营业额翻倍的经营计划，才使各自的公司获得发展的。

有关内容，本书做了详细叙述。那些原本只能无奈笑笑且进退两难的总经理们，都通过每年制订长期事业计划，使业绩得到了持续提高。

时代势必不断发生变化。

要想创建 10 年后仍然屹立不倒的公司，就必须制订长期经营计划，预测市场变化的同时，针对将来可能出现的危机，从现在开始提前做准备。毕竟大家经营公司都想获得长远发展，无论谁也不想只图眼下的盈利，而让 10 年后的公司面临倒闭的命运。

本书以武藏野公司的经营计划中记载的长期事业构想书为主线，对制订长期事业计划的必要性及方法进行了说明。

希望本书能够对大家有所帮助。

最后感谢对本书的编写给予大力支持的 CHLOROS 的藤吉丰先生，同时对负责本书编辑的 KADOKAWA 中经出版社的川金正法先生、山本智之先生也表示衷心的感谢。

武藏野股份有限公司　小山升

2013 年 12 月

目 Contents 录

推荐词 …………………………………… 001
前　言 …………………………………… 003

▼ 第1章　5年营业额翻倍的"经营计划"

1　5年营业额翻倍 ………………………… 006
2　用数字表示 ……………………………… 010
3　马上制订 ………………………………… 015
4　挑战新事物 ……………………………… 020
5　每年更新 ………………………………… 025

▼ 第2章　5年营业额翻倍的"事业计划"

1　增加新客户 ……………………………… 032
2　市场份额达到NO.1 …………………… 039
3　扩大商圈 ………………………………… 045
4　致力于开展新业务 ……………………… 050
5　不在新市场开展新业务 ………………… 055
6　积极地进行M&A ……………………… 062

▼ 第3章　5年营业额翻倍的"基本"

1　明确公司的目标 ………………………… 068
2　卖"子弹"而不是卖"枪" ……………… 074

3　将利润投资于未来 …………………… 078
4　贷款（一）…………………………… 085
5　贷款（二）…………………………… 089
6　不倒闭 ……………………………… 091

▼ 第4章　5年营业额翻倍的"利润计划"

1　制订有梦想的计划 …………………… 096
2　数额具体化 …………………………… 099
3　不以比率而是从额度考虑 …………… 104
4　实践"25%法则" …………………… 110
5　每年提高工资水准 …………………… 113
6　品牌最优先 …………………………… 117

▼ 第5章　5年营业额翻倍的"人员计划"

1　成为"自下而上"的公司 …………… 122
2　全员进行整理、整顿 ………………… 125
3　通过模拟，培训教育员工 …………… 132
4　晋升、降职规则 ……………………… 135
5　构建大家愿意为之努力的体制 ……… 141

▼ 第6章　5年营业额翻倍的"设备及资本计划"

1　不持有自有公司大楼 ………………… 146
2　充分利用现金流动 …………………… 149
3　有意识地改变 B/S …………………… 152
4　不增加应收账款及库存 ……………… 156
5　总经理独占股份 ……………………… 161

ð # 第 1 章

5年营业额翻倍的『经营计划』

长期事业构想书（以武藏野股份有限公司第50期经营计划书为例）

> 此构想书，是一个挑战梦想的计划，是根据客观形势的发展以及总经理的愿景变化，不断地积极进行更新的计划。

1. 基本
（1）明确目的，做出假设并制订计划，以业绩为基础验证，通过客户评价不断推进。

（2）将相同客户反复使用的业务专门化。例如不卖枪，反而卖子弹。

（3）不能一成不变，而要经常进行经营革新，塑造不易倒闭的公司体制。

将利润按照①增加客户数量，②教育培训员工，③投资基础设施，④借入超出需求的长期贷款，⑤致力于发展有竞争公司的周边产业，⑥常态利润等的顺序对未来进行投资。

（4）结合市场、社会形势的变化，及时调整重大方针。生存优先。

2. 事业计划
（1）变化一直在进行，不会等我们公司准备好才来。市场上只有客户与对手，市场在变小。尽管如此，我们还是要开发客户。

（2）在清洁服务事业上积极开展 M&A。

（3）以护理事业与清洁服务事业的相互配合为基本。

（4）针对家庭护理事业，与接受服务的客户满意度相比，更重要的是提高护理购买服务的客户满意度。

（5）呼吁更多的企业，将评价标准书的框架作为企业进行经营革新的工具，为支援企业的发展与进步做出贡献。

（6）经营支援事业支撑清洁服务事业、护理事业的现实、现场、实物的商品，在其他公司无法仿效的事业领域开创新的商务模式。

3. 利润计划
（1）5年后总营业额达到×亿日元。
（2）以毛利率×%为目标，力争实现×亿日元的毛利。
（3）内部费用
　　①根据贡献程度公平分配人事费，工资以高于该地区的10%为目标。
　　人均人事费每年稳定上升。
　　工资水准以行业 NO.1 为目标。
　　②在提高武藏野品牌知名度方面优先使用促销费用。
　　③有效利用租赁，加快折旧费的实质偿还。
（4）营业利润以5年后达到总营业额的×%为目标。

4. 人员计划
（1）劳动分配率以40%为目标。
（2）作为优秀的企业市民，为配合地区社会的发展创造出1000个岗位的规模。
（3）培养可以为支援企业公司的内部改革提供帮助的人才。
（4）为部长级以上的管理人员培养可以制订资金营运计划的人才，为课长级培养可以指导制订短期计划的人才。
（5）部长担任研讨会讲师开展培训。

5. 装置/设备计划
（1）在重点地区开设护理事业的分店。
（2）不购买土地。
（3）按顺序依次进行设备更换。

6. 资本计划
（1）拥有自己公司40%的股份。
（2）自持资金占比60%以上。

> 正因为"这样行不通"才更需要制订目标。因为这样才能让总经理知晓自己的想法与客户要求之间的偏差。因此，领会目标与业绩之间存在差异，找准自己公司的方向非常重要。

长期事业构想书（以武藏野股份有限公司第44期经营计划书为例）

	项目	本期	46期	47期	48期
事业计划	1. 清洁服务事业	1944.8	2108.4	2305.6	2483.5
	2. 护理事业	349.0	378.0	416.0	458.0
	3. 家庭护理事业	365.0	512.0	672.0	765.0
	4. 经营支援事业	1257.0	1388.0	1485.0	1666.0
	5. 管理人员派遣事业	0.0	30.0	50.0	100.0
	6. 环境事业	49.0	50.0	50.0	0.0
	7. 新兴事业	0.0	90.0	250.0	333.3
	事业发展率	—	114.90%	114.80%	111.00%
利润计划	总营业额	3964.8	4556.4	5228.6	5805.8
	总采购额	1092.8	1257.6	1443.1	1602.4
	毛利率	0.724	0.724	0.724	0.724
	毛利	2872.0	3298.8	3785.5	4203.4
	内部费用 人事费	1255.9	1458.0	1680.0	1824.0
	内部费用 经费	534.3	613.0	685.0	767.0
	内部费用 促销费	502.0	557.0	615.0	623.0
	内部费用 折旧费	2330.2	2684.0	2990.0	3214.0
	内部费用 总计	541.8	650.8	795.5	989.4
	营业利润	18.0	20.0	22.0	25.0
	营业外利润	32.0	20.8	17.5	14.4
	营业外费用	527.8	650.0	800.0	1000.0
	常态利润	3236.2	3658.6	4123.6	4424.6
	盈亏平衡点	43.7%	44.2%	44.4%	43.4%
人员计划	劳动分配率	5.0	5.4	5.6	5.7
	人均人事费	250	270	300	320
	人员	0.0	0.0	0.0	0.0
设备计划	土地	0.0	0.0	0.0	0.0
	建筑	0.0	0.0	0.0	0.0
	机械	0.0	0.0	-16.0	-20.0
资本	增资	106.3	106.3	90.3	70.3
	实缴资本	15.9	16.9	17.4	18.1
生产效率	人均营业额	11.5	12.2	12.6	13.1
	人均毛利	2.1	2.4	2.7	3.1
	人均常态利润	0,000	0,000	0,000	0,000

（单位：百万日元）

49 期	50 期	特别事项
2640.1	2807.6	
504.0	570.0	
888.0	1000.0	
1790.0	2000.0	
150.0	150.0	
0.0	0.0	在特别事项中单行记录的方针与目标有：
600.0	1000.0	在最重点地区投入人力与资金；5 年后实现 75 亿日元。
113.20%	114.50%	
6572.1	7527.6	
1813.9	2077.6	
0.724	0.724	
4758.2	5450.0	
2124.0	2400.0	
809.0	883.0	**长期事业构想书，**
641.0	687.0	**使 5 年营业额倍增，**
3574.0	3970.0	**同时使常态利润也有大幅提高。**
1184.2	1480.0	
28.0	30.0	
12.2	10.0	
1200.0	1500.0	
4914.6	5455.8	
44.6%	44.0%	
5.9	6.0	武藏野公司经营支援事业部的营收目标是从第 44 期营业额 8 亿日元到 5 年后的第 50 期达到 20 亿日元。
360	400	
0.0	0.0	尽管该计划曾被认为毫无策略，但最终提前 1 期，即在第 49 期便实现了营业额 20 亿日元。
0.0	0.0	
0.0	0.0	
0.0	0.0	
50.3	50.3	
18.3	18.8	
13.2	13.6	
3.3	3.8	
0,000	0,000	

❶ 5年营业额翻倍

▼ 没有制订长期事业计划的公司不会有发展

"投出的球,肯定会落下。"

当现在的企业正处于急速发展时,让人有一种朝天空扔出的球会直接到达月球的感觉。但实际上,球一定会落下。即使用再大的力气扔出去也不能改变它落地的事实。

很多人都是在球落地之后才意识到,然后在惊慌失措中做出"糟糕!球落下来了!得赶紧扔下一个球!"的反应。

深陷困境之后,才想起要采取新措施,这样往往不能顺利进行。原因是:持续增长情况下的游刃有余与被逼入绝境时的捉襟见肘,两者根本不是同一个层级的探讨。

所谓经营,不能拘泥于眼前,而是需要从长远角度考虑的。从长远角度考虑半年后、1年后、5年后应该成为什么样,并确定现在应该做的事,这才是正确的经营判断。

武藏野公司从1977年开始制订长期事业构想书(长期事业计划)。在我第一次编制长期事业构想书并报告5年营业额翻倍的

经营计划时,时任课长(现任部长)的狐塚富夫丝毫没有掩饰他的吃惊并质疑道:

"总经理!这种离谱的计划真的可以实现吗?!"

他之所以如此问,是因为我在长期事业构想书中,赫然列出了令其难以置信的数字。

当时我是这样回答的:

"照理说,是不可能的,不是吗?"

听了我的回答,狐塚一边说着"果然是这样啊",一边用完全肯定的表情点了点头。

然而5年后,与狐塚的想法相反,长期事业构想书上写的全部内容都变成了现实!

离谱的计划为什么可以实现呢?

成功不是因为景气的经济环境,也不是因为偶然。

而是因为制订了长期事业计划,才知道了未来和现在、愿景和现实的差距,然后思考产生差距的原因并采取措施,最终使离谱的计划得以实现。

如果用身边的例子来说明的话,就好比武藏野公司的某个员工制订了5年后买下东京都内独户住宅的长期目标,倒过来推算就能明白以现在的工资水平是不可能实现的。

既然这是不可能的事,就要面临选择。要么从武藏野公司辞职,换到薪资更高的公司,要么放弃购买独户住宅而继续过租公寓房的生活……

如果无论如何都想买东京都内的独户住宅,那么只有写辞呈;

而如果想留在武藏野公司,就得继续住在租赁的公寓。

正因为制订了5年后买东京都内独户住宅的目标,所以才能做出今天的决定。

之所以要制订长期事业计划,是为了明确今天应该做什么。而通过制订5年营业额翻倍的长期事业计划,就能使现在应该做什么更加明确。

▼ 使500家公司中的多数公司实现增收增益

制订5年营收翻倍的经营计划。

这个计划与其他公司经营计划大不相同。较多企业不但没有制订长期事业计划,而且忽略了具体目标值。但武藏野公司的经营支援事业部指导的500多家公司的经营支援会员企业,都被要求制订5年营业额翻倍的经营计划。

2001年,武藏野公司的经营支援事业部成立。其间,经历了10年的泡沫经济以及2008年的雷曼事件,确实是不景气的时代。尽管如此,我指导的500多家会员企业没有一家倒闭。不仅如此,很多企业持续增收增益,约20%的企业甚至实现了自身企业的历史最高收益。

究其原因,就是因为制订了5年营业额翻倍的经营计划。

首先决定制订长期计划

面对行业不景气,市场已经饱和,如何制订今后的经营计划?
首先考虑眼下的事吧!

· 决定5年营业额翻倍
· 以每年增长15%为目标

为了实现5年营业额翻倍应该怎么做?考虑新客户?发展新业务?还是扩大商圈?那人员呢?设备呢?

通过确定5年后营业额翻倍的计划,可以逐步意识到现在应该做什么。

❷ 用数字表示

▼ 如果没有梦想，员工不会努力

之所以在武藏野公司的经营计划书中列出长期事业构想书，有两大理由：一是如前文所述，可以明确今天应该做什么；二是可以激发员工的干劲。

人如果没有梦想，就不会努力。譬如，在一个营业额10亿日元，有3个部长和10个课长的公司，若公布了5年后营业额达到20亿日元的长期计划，员工会简单地认为：

"那绝对是不可能的。"

而另一方面，也会考虑：

"如果5年后营业额翻倍，公司规模就会变大，那么部长会增加到6人，课长会增加到20人。"

这样一来，课长会想到自己也有机会成为部长，而主任则会想到加把劲，自己也有可能成为课长。

"我也有机会。"

当然，实际上职位不会平白增设两倍，但如果有了这样的"小小错觉"，员工就会产生梦想和希望，并为之付出努力。正因为想到工资会稳定提高或者有晋升机会，员工才会努力。

因为总经理有5年营业额翻倍的计划，所以员工也有了梦想。

▼ 常用倒算考虑经营

与许多事情一样,经营的基本法则在于倒算。倒算不是计算过去,而是以盘算未来的思路来考虑问题。

为了考入大学,会从考试日开始倒算,然后确定从什么时候开始学习,如何学习。结婚也是一样,先确定了举行婚礼的日程,接下来就能确定订席或者发出喜帖的日期。

经营也一样。为了制订下一期的经营计划,需要先决定结果,然后再倒着推算,思考采取哪些方法可以实现。

只是,许多经营者在制订经营计划时,往往是先确定营业额,意思就是先确定下期的营业额,最后再给出常态利润的数字。

我的方法不一样。我是最先决定常态利润,再按顺序追溯利润表(P/L),倒算的方式为常态利润是多少,为此需要多少经费,实现多少营业额。

如果像很多总经理一样,设定本期的总营业额比上年增加5%,并基于该营业额计算采购需要多少费用,毛利是多少,工资,经费等等,那么最终会发现怎么也没有利润。即根据设定的结果(目标),手段和成果也会有很大变化。

可以说长期经营计划也一样,制订5年后的经营计划时,先设定结果(目标),然后倒过来推算的思维方式是关键。

我认为，为了不让公司倒闭，反而成为强大的公司，与其5年后维持现状或制订现实的目标，倒不如制订5年营业额翻倍的目标。

▼ 无须用数字做依据

如果是 5 年后营业额翻倍,是否需要确定其依据或合理性呢?我认为不需要。

武藏野公司制订下期(1 年)的经营计划时,数额是随意决定的。因为尽早确定数额是正确的做法,而其依据和合理性是其次。如果总经理确定了是多少,那么那个数字就成为了目标数额。然后再根据目标数额倒过来推算并制订经营计划。

常态利润无论是增加 10%,还是增加 50% 或倍增,只要确定有多少常态利润就可以,无须从一开始就确定正确性和合理性。总之先确定数额,如果发现不合适时就进行修正。

长期经营计划也一样。

先确定 5 年营业额翻倍的目标。然后倒过来推算为此需要做什么。因为是相当大的目标,所以必须改变至今为止的经营模式。还必须认识到公司需挑战新事物。

经营,不是通过手段确定目标,而是根据目标倒过来确定手段。因此,在长期事业计划中,将经营者的决定作为目标数值列入,比只填"妥当"的数字重要得多。

❸ 马上制订

▼ 当机立断才是上策

从来没有制订过长期经营计划的经营者可能心里也有想试试的想法，但他们不知道如何制订。而且这里所说的长期经营计划不是维持现状的长期计划，而是实现5年营业额翻倍的长期计划，所以难度提升了不止一点点。

参加经营支援事业部创办的实践经营学校的所有总经理，都被要求拟定长期事业构想书，用数字表示出5年营业额翻倍的经营计划。

由于目标巨大，最初没有一个总经理能完成。

那么，怎样做才好呢？

试着先列出数额看看，即便是大约的数字也可以。最初给出的数额不切实际也没有关系，重要的是先尝试，列出实际数额，然后再考虑接下来怎么做才能达到5年营业额翻倍的目标。经营者必须用数字体现公司的现状和公司的未来，这非常重要。

如果一开始就想列出准确数额，这会相当花时间。加之本来就不能准确掌握客观形势（5年后的经济动向及市场状况等），因此列出数额的时间越早越好。决定了就马上行动，这样才对。如果没有准备好也没关系，最主要是要当机立断。

首先，在长期事业构想书中写下现在开展的所有业务及营业额，然后尝试制订5年后总营业额翻倍的计划。

如此一来，就能知道为了达到这个数字，应该做什么，本公司做得到和做不到的事以及必须做和应该停止做的事也会变得明晰。例如所有业务难以均衡发展，应该优先发展势头良好的业务；仅凭现有业务内容难以确保实现目标，需要开创新业务等。

从数额倒过来推算，就可以看清公司的现状和现在应该做的事。

90%的经营者不了解公司的现状。目前我已经对500多家公司的经营进行了指导，却没有一位总经理可以将自己公司的情况用数字示人，记不清楚营业额，也不知道支付给员工的工资和活动经费，而大部分总经理却自认为了解公司的现状。因此，公司处于一种放任自流的经营状态。

用当机立断的思维方式制订长期经营计划

（单位：百万日元）

	项目	本期	46期	47期	48期	49期	50期
事业计划	1. 清洁服务事业	1944.8	2108.4	2305.6	2483.5	2640.1	2807.6
	2. 护理事业	349.0	378.0	416.0	458.0	504.0	570.0
	3. 家庭护理事业	365.0	512.0	672.0	765.0	888.0	1000.0
	4. 经营支援事业	1257.0	1388.0	1485.0	1666.0	1790.0	2000.0
	5. 管理人员派遣事业	0.0	30.0	50.0	100.0	150.0	150.0
	6. 环境事业	49.0	50.0	50.0	0.0	0.0	0.0
	7. 新事业	0.0	90.0	250.0	333.3	600.0	1000.0
	事业发展率	—	114.90%	114.80%	111.00%	113.20%	114.50%
	总营业额	3964.8	4556.4	5228.6	5805.8	6572.1	7527.6

5年后使营业额倍增

如何制订5年的长期经营计划？

- 为了保证长期计划的准确性，仔细认真地制订计划。
- 不清楚事业环境如何变化，也可以不制订5年后的计划。

可以是大约的数值，最重要是尝试制订。

尽早决定具体的数额。即便之后实现不了，也可以进行修正。因此，无须花大量时间去思考制订准确的长期事业计划。

▼ 总经理的决策决定公司的将来

我认为，比起谨小慎微、慎重的人，当机立断、先开始行动的人更适合做总经理。

那是因为公司的将来不是由做法决定，而是由决策速度决定的。

之前，武藏野公司的实践经营学校曾出现过严重的销售赤字。花费了7000万日元的广告费，却只增加了两家新客户。这种情况下，我是怎么应对的呢？

我做出了提高业绩的决策，把验证怎样做才能有利润，考虑什么是正确的做法放到后面，成功地增加了客户。

首先，总经理要决定制订5年营业额翻倍的经营计划。

最初的数额即使毫无根据也没关系，最重要是当机立断，制订长期计划。客户一旦接受了就要继续下去；如果被否决了，就立刻进行修正，做出新的决定；如果新的决定还是失败了就进行二次、三次修正，直到客户接受。

如果想要做出准确决定，往往会花费很多时间。而如果失去了经营的速度，就无法跟上市场（客户和对手）的变化了。

当然，即使可以做出准确的决定，但这个决定仅仅是对于总经理（公司）来说是准确的，对客户来说却不一定是准确的。

是否准确,是由客户决定的。即便总经理认为准确,却不被客户接受,那这个决定就是错误的。正因为如此,先尝试制订才显得尤为重要。

❹ 挑战新事物

▼ 考虑新的生财之路

单纯地计算,为了实现5年营业额翻倍的经营计划,每年必须增加15%的营业额。虽说日本经济正在复苏,但是仅凭现在的事业,无论怎么努力也只能增加5%。这样一来,除了着手寻找新出路(新的方法和新的产业)之外,别无他法。

总之,有了5年营业额翻倍的长期事业计划,就会产生如果不努力就不能实现目标的危机感,就会下定决心挑战新事物。

武藏野公司也一样。在第43期制订下一年开始的5年计划时,发现仅依靠扩大现有业务,无法实现5年营业额翻倍的目标。于是我决定开创新的业务。当时并没有确定具体的项目内容,而是现状所迫决定开创新事业的。

人只有在被指责"不行""没门""办不到"的时候才会努力。因此如果有"必须想办法解决!""无论如何也要实现!"的强烈愿望,就会产生改变公司的原动力。

在武藏野公司召集各经营支援会员企业开展的经营计划书制订集训中，所有参加的总经理都被要求制订5年营业额翻倍的经营计划。

其中，有位总经理诉苦："小山先生，那是不可能的。我们公司所处行业的市场不景气，与前期相比已经减少到98%，充其量可以提高至102%。"这个总经理就要被淘汰了，(笑)因为102%改变不了公司。

公司采取的新举措，可以分为以下5大方面：
① 获得新客户
② 扩大商圈
③ 开始新业务
④ 实施M&A（企业的合并与收购）
⑤ 停止开展某些业务

按照5年营业额翻倍的经营计划，如果决定了从哪个领域获得收益，方针也就能自动确定了。（详细情况将在第3章中分别进行说明）

如果决定了数额及如何操作，就可以确定为达到销售目标而采取什么样的客户方针。而如果将目标改为从前一年5000万日元的营业额提高至8000万日元，就要决定与商品相关的方针。为了增加商品数量，就要确定销售相关的方针，而为了销售就要决定人员相关的方针。总之，如果决定了方针，就知道现在应该做什么了。

5年营业额翻倍的目标是挑战新事物挑战

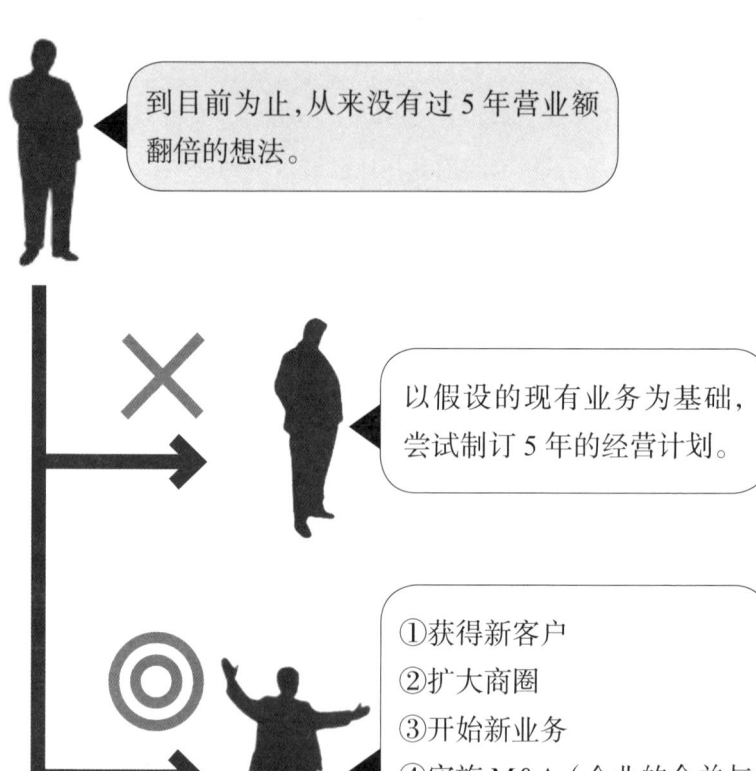

决定通过新事物进行操作,以期达到5年后的目标数额。

▼ "明知有困难",更需要拜托员工支持

我对员工说:"无论是将电线杆统一成高的,还是将邮筒统一为红色,亦或是夏天热需要防暑、冬天冷需要防寒的问题,都是小山升的责任。"因为在公司中承担责任的只有总经理。正因为如此,长期事业计划一定要表达总经理的决心和责任。

为了表明自己的决心,我在经营计划书中设置了经营计划发表之际的项目,在该项目中列出"明知有困难,更要拜托大家支持"的内容。为了让员工配合实施对他们而言可以说是不合理的要求,正确的做法就是寻求员工的支持和协助。

但那不是强迫员工配合,而是明知有困难,但也要努力的总经理的态度。

5年营业额翻倍的经营计划,对员工来说是荒诞的计划。而作为公司,为了开创新事物,必须落实负责新部门的员工,那么他们的工作负担就加重了。如此一来,他们势必会心生抱怨。

即便如此,总经理还是要让公司发展,要提高员工的工资。如果公司的员工结婚生子,他们的生活就会因为养育孩子而变得困窘。如果员工生活变得困窘,总经理就必须提高他们的工资。因此,公司的营业额若还和现在一样是不行的,必须提高营业额。

也就是说,明知有困难,但是为了让公司员工的家人和他们的家庭幸福,总经理必须有"明知有困难,我也要努力""为了提高员

工的工资,我要努力"的觉悟。

　　卑怯的总经理只会让公司倒闭,而我,不能让公司倒闭。我不能成为一个卑怯的人。正因为如此,明知有困难,我仍要努力。

❺ 每年更新

▼ 为了不让公司破产倒闭,必须不断改变

有的总经理认为,制订一次长期事业计划,就可以5年保持不变一直执行下去。实际上这种想法是错误的。

每年,我都要对长期事业构想书进行更新调整。正确的做法是,根据客观形势和总经理的愿景,每年对长期事业计划重新进行调整。

其原因是,自己公司的外围环境每时每刻都在变化。

如果是外贸公司或商社,会因受到日元升值或贬值的影响而使客观形势大不相同。而如果发生类似雷曼兄弟破产那样世界范围的经济衰退,且对日本也有影响,许多公司的客观形势也会发生很大变化。如果客观形势发生了变化,当然业绩也会变化。

1年过去后,5年营业额翻倍的长期目标和现实之间也会出现明显差异。由于期待的事业没有像预期的那样获得增长,或者对手参了一脚,或者新事业没有步入轨道等原因而导致经营环境发生变化,因此总经理的愿景也可能需要改变。

每年更新调整计划才是正确的

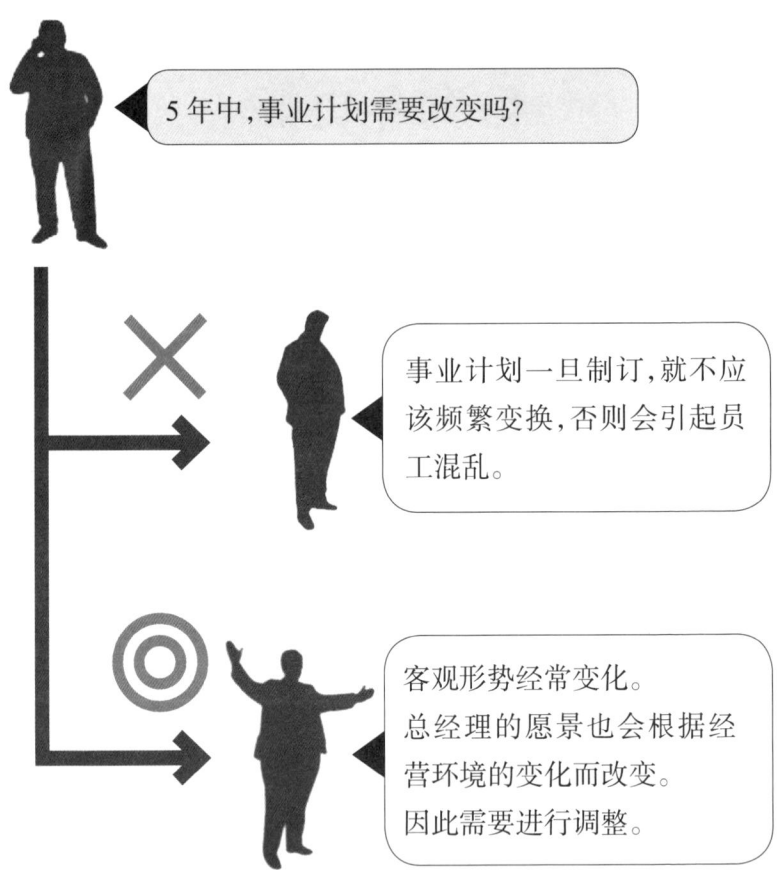

在武藏野公司，将弥补目标与现实的差距称为"对策"。

如果确定了目标并付诸行动，就必定会做出一定的业绩。将目标和业绩进行比较，可以假设或验证"为何业绩少（或者多）"，就可以知道下一步的对策应当如何。

然后，将下一步的对策完全地反映在长期事业计划中。

我也曾有过一年4次调整长期事业计划的经历。对于中小企业的总经理来说，朝令夕改是褒义词。这也可以说是总经理对经营环境的变化产生敏感反应的证据。

不能对长期事业计划频繁进行调整的总经理，是不能正确掌握自己公司的形势的。

▼ 经营的过程就是"假设→落实→验证→观察"的循环过程

经营中,重要的是确定假设,然后落实、验证并观察。

在当今这种无论是谁都看不见将来的不确定情况下,如果无法持续做出一气呵成的决断,不增加客户数量,就会输给对手。

在增加客户数量的过程中,为了顺应时代变化,要做好下一步的行动准备,必须做出假设。同时落实并验证,如果不能顺利进行,就需要考虑为什么会这样。不要从事物的一个角度看问题,而要验证、观察从这个、那个角度会怎么样,然后再做出假设。

这个过程需要反复循环。

武藏野公司因 2000 年、2010 年两次荣获日本"经营质量奖"而成为大家所熟知的"强大公司"。在日本 IBM、理光、松下及"第一生命保险"等超有名企业中,武藏野公司是日本有史以来第一家两次获此殊荣的公司。

但是,在我 1987 年担任总经理之初,公司的营业额只有 7 亿日元,同时背负巨大的赤字(营业额是现在的六分之一)。而现在,公司不但持续增收增益,还受到了银行的高度评价。融资时,可以享受无担保或无个人担保待遇。

仔细想想,我成为总经理之后,为公司东奔西走的时期,确实是反复实践"假设→落实→验证→观察"的过程,也是连续从长远角度考虑经营、预测世界如何变化、针对变化采取对策的过程。

身为总经理,就不能只为眼前的利益或喜或忧。

"现在"并不那么重要。

因为即使现在盈利,但如果5年后公司倒闭就没有任何意义了。为了变成不会倒闭的公司,必须制订长期经营计划,预测变化,做出假设并对将来的危机做好未雨绸缪的打算。

第 1 章
5 年营业额翻倍的"经营计划"

总　结

▼ 通过 5 年营业额翻倍的经营计划,改变至今为止的经营模式。

▼ 因为总经理制订了有梦想的计划,员工才有了梦想。

▼ 当机立断,先列出数额制订计划。

▼ 从新方法和新业务开始。

▼ 通过 5 年营业额翻倍的经营计划,明确现在应该做什么。

▼ 根据客观形势和总经理的愿景,每年更新调整计划。

第2章

5年营业额翻倍的『事业计划』

❶ 增加新客户

▼ 市场缩小不是放弃的理由

现在的时代,是竞争的时代。

时代已变,已经从所有公司都能立足的竞争合作的时代变成只有战胜对手才能生存的竞争的时代。

在竞争的时代生存需要增加数量。客户的数量、项目的数量、员工的数量等数量的增加,是总经理的责任和义务。这样以开展增加数量为目的的事业活动被称为"经营"。

20世纪90年代以后,日本经济停滞不前,为什么呢?很简单,因为人口的数量减少了。

从战争结束到泡沫经济之前,人口不断增长,市场也得以扩大。市场一旦变大,即使质量稍差的低劣品也可以售出。因此在当时需求增加但供给不足的情况下,谁都可以增加数量。

但是,当日本的人口减少,市场变小,除非战胜对手,否则就不能增加数量。现在所处的市场,不是与其他公司竞争与合作,而是与其他公司竞争。因此,如果输了的话,就必须退出市场。

很多总经理认为，因为市场变小，所以营业额下降也是没办法的事。但营业额下降并不是因为市场变小，而是因为总经理抱有"下降也没关系"的想法。

武藏野公司的乐清事业部，在2013年10月创下了历史最高的营业额记录。尽管市场在变小，却仍然做到了。

"市场上只有客户与对手。市场势必变小。即便如此，我们公司也要开发新客户。"（这是明确写在武藏野公司的经营计划书中的一段话。）

正因为小山总经理做出了这样的决定，武藏野公司才一心一意开发新客户。

三重县的池畑运输股份有限公司（运输行业）的池畑弘树总经理也认为，总经理的工作是获得新客户，并致力于增加客户数量。

"在编制长期事业计划书中，最近我才终于明白自己必须做什么。待在公司的时间也比以前短了。"（池畑总经理）

池畑总经理致力于新业务，2012年使营业额提高至103％。"新客户增加的同时，老客户却有了一定程度的减少。如果不丢失老客户，我想能提高至110％左右。"（池畑总经理）

现在，除了发展食品和石油产品等方面的新客户以外，也在致力于发展家用垃圾的收集搬运业务。

"维持现状不代表稳定，若不考虑改变现在的状态，公司就不会发展。想法一定要改变，并付诸行动。我们只能按照'量'而不是按照'质'开展工作。"（池畑总经理）

开发新客户时的思考方式

因为市场在变小,所以营业额下降也没办法。

即使市场变小,也要开发新客户。只要改变想法和做法,就可以做到。

武藏野公司的例子:改革渠道销售的做法

销售人员1人1台车,分别去较远的地方开发客户。

为每个销售人员划定一个区域,一家一家进行地毯式轰炸走访。

※ 武藏野公司的乐清事业部,在行业营业额普遍下降的情况下,于2013年10月取得了营业额创历史新高的佳绩。

**营业额下降,
不是因为市场变小,
而是因为总经理认为下降也没关系。**

群马县物流服务有限公司（运输行业）的大谷内光男总经理，也将送货上门业务从使用小型汽车转为了使用 1 吨或 2 吨的大车。该公司正在通过把以群马县为中心的业务扩展至邻近县来增加客户数量。因为发现仅凭运输业务无法实现"5 年营业额翻倍"的计划，就启动了区域内物流（在工厂和仓库等区域内进行的物流）业务。如此一来，大谷内总经理就扩大了其公司的业务覆盖范围。

"小山总经理让我们制订 5 年营业额翻倍的长期事业计划时，我只是笑笑。（笑）因为什么都不明白……也不知道自己的对手在哪里。于是就先在计划中胡乱写了个数字。制订计划后，尽管业绩有起有落，但目前已经提高到 1.5 倍。另外，营业额与去年相比，增加了 21% ~ 22%。虽然最初是胡乱写的数字，但为了达到这个数字，考虑需要增加多少人、增加几台车，停车场怎么办，如果去外地就要租借办公室等问题，在此过程中，将其变成了现实的计划。"（大谷内总经理）

要获得新客户，就需要加强销售能力。

大谷内总经理原来似乎认为坐在公司的办公桌前，用个人电脑编制文件才是总经理的工作。而我却认为，正因为是总经理，才更应该带头去现场，我让大谷内总经理每月去开发新客户两次，而且是在武藏野公司员工的监督下。（笑）

"武藏野公司的职员曾对我说：'大谷内总经理，您的说话方式不太对啊。请稍稍实践下吧。'于是我在外出途中也时时练习。幸亏被严格监视，（笑）现在 35% 的销售额都是来自新客户的。"（大谷内总经理）

▼ 改变想法和做法就能开拓市场

为什么市场环境恶化了，而武藏野公司却可以实现创历史新高的营业额呢？

那是因为改变了至今为止的想法和做法。

综观乐清事业部的市场，就会发现5年间有四成人搬家（住户变更）。虽然市场有缩小的倾向，但总会有新人入住，就不需毫无章法地进行新开拓，而是只要开发新搬迁的四成即可。

乐清事业部能取得创历史新高的营业额，正是因为可以一直获得新的客户（新入住住民的四成）。因此，即使市场变小，客户数量也不会减少。

特别是对于乐清来说，使用乐清的人通常会搬去也曾使用过乐清服务的人的房屋中。因为在一样的房屋，入住的基本是生活水平一样的人，因此再使用乐清服务的可能性较高。正因为知道"5年间有四成的人搬迁入住"，知道"在使用乐清的人的房屋中，搬来的也是可能使用乐清的人"，故而创新了销售方法，才使营业额得到了提升。

以前，公司给每个业务员配1台车，用于开发新客户。于是，很多员工开车去了之前没有走访过的较远的地方。因为跑去远处，既花时间又花经费且获得的份额没有提高，所以不赚钱。另一方面,员工却觉得自己工作已经很努力了。

后来,公司改变做法。为了可以把新搬迁的四成客户都拜访到,将之前开车销售的模式转换成附轮行李箱的拎包销售。即给每个业务员划定一个区域,让他们一家一家地进行地毯式轰炸走访。

这种走访分为A、B、C共3个片区。之前都是按照第1天A片区,第2天B片区,第3天C片区的顺序进行走访。但由于一般会有50%以上的概率家中无人,因此改为第1天拜访A片区,第2天拜访A片区中前一天家中无人的住宅和B片区,第3天拜访B片区中前一天家中无人的住宅和C片区的模式。如此一来,就可以保证走访到新搬迁的四成客户。

通过改变做法,使新开发的一般家庭的营业额提高至4倍。

改变想法和做法,即使市场变小也可以开发出新客户。

▼ 不吝于使用用于销售的经费

为了获得新客户,不可削减用于销售的经费(促销费、宣传费及广告费)。许多经营者认为使用经费会减少营业利润,而实际上,削减用于销售的经费的想法是错误的。

为了让客户有"试用"的体验,乐清的垫子和拖把都曾让客户免费使用过。有人说"给客户提供试用品是浪费"。而实际上,让客户免费使用1次所产生的费用,跟客户此后1年都使用所获得的收益比起来,简直太划算了(如果毛利率是五成,使用2次就可以收回本钱)。

东京都练马区的牧野祭礼股份有限公司(殡仪馆),在穿梭于商圈的公交车上做车身广告后提高了业绩。因为是殡仪馆,大部分是新客户。亲属和员工遭遇不幸时,肯定要用到殡仪馆。此时,如果贴有"牧野祭礼"的广告公交车经常从附近驶过,就会想到"有家叫牧野祭礼的殡仪馆,联系看看吧"。

正因为武藏野公司和牧野祭礼都投入了营销资金(用于营销的经费),才使得业绩得到了提高。

❷ 市场份额达到NO.1

▼ 按照弱者的法则增加数量

由于现在是竞争的时代，市场难以拓展。这种情况下，根本不能寄希望于让客户从使用1万日元变为使用2万日元的膨胀战略，而应该考虑的是客户单价不上升的策略。

在将来的时代，应当在增加使用1万日元的客户数量上想办法。

一般客户都有自己的预算，所以很难让三口之家消费10人的份额。因此，夺取对手公司的客户才是正确的销售战略。由于客户是从有限的家庭支出中支付费用，因此如果要买一个新的商品，客户是不会买之前已经买过的商品的。这是客户的心理。

虽然也考虑过采取让一本书都不读的人买书这种战略，但对于一本书都不读的人来说，书原本就是没有用的东西，让他们买书的可能性很小。如此一来，夺取对手的市场份额才是最佳战略。

为了扩大市场份额，增加数量，需要按照兰彻斯特方程的第一定律——弱者定律进行操作。即需要采取小市场创造大份额、决定目标（卖什么样的商品、卖给谁）重点对待的战略。

按照兰彻斯特战略，根据在市场中所占份额的比例，将份额占第1位的企业称为"强者"，而将其他企业称为"弱者"。比大企业弱的中小企业，需要采取以市场份额第一为目标的战略。

中小企业的目标是"成为地区NO.1，即使只有一个商品也要成为NO.1"，附带任何条件皆可。总之，为了可以成为NO.1，跟大企业比也不怕输。

很多总经理并不知道自己公司的客户集中在哪个区域（自己公司的市场份额）。

请尝试以客户名册为参照，在地图上确认客户的位置，并做上标记。你会发现本以为客户分散得很广，其实仅集中在一部分地区。

我对HOPPY BEVERAGE股份有限公司的石渡美奈总经理进行指导的内容是，在总公司所在的东京都港区开展特殊化的销售活动。HOPPY现在已经成为年轻人喜爱的饮料，创造人气的契机便是把营销资源集中在代表东京的繁华街上。

位于东京都涩谷区的山崎文荣堂股份有限公司（办公室文具的邮购），也是通过弱者战略赚取毛利的公司。在文具行业逐年不景气的环境下，山崎文荣堂却与大环境相反，保持销售量逐年增加的态势。究其原因，就是对涩谷区实施了特殊化。而今，文荣堂在东京都涩谷区的市场份额已经达到NO.1。实力强大的商品集中在小商圈的结果，就是可以取得超出行业趋势发展的业绩。

在小市场中获得大的市场份额

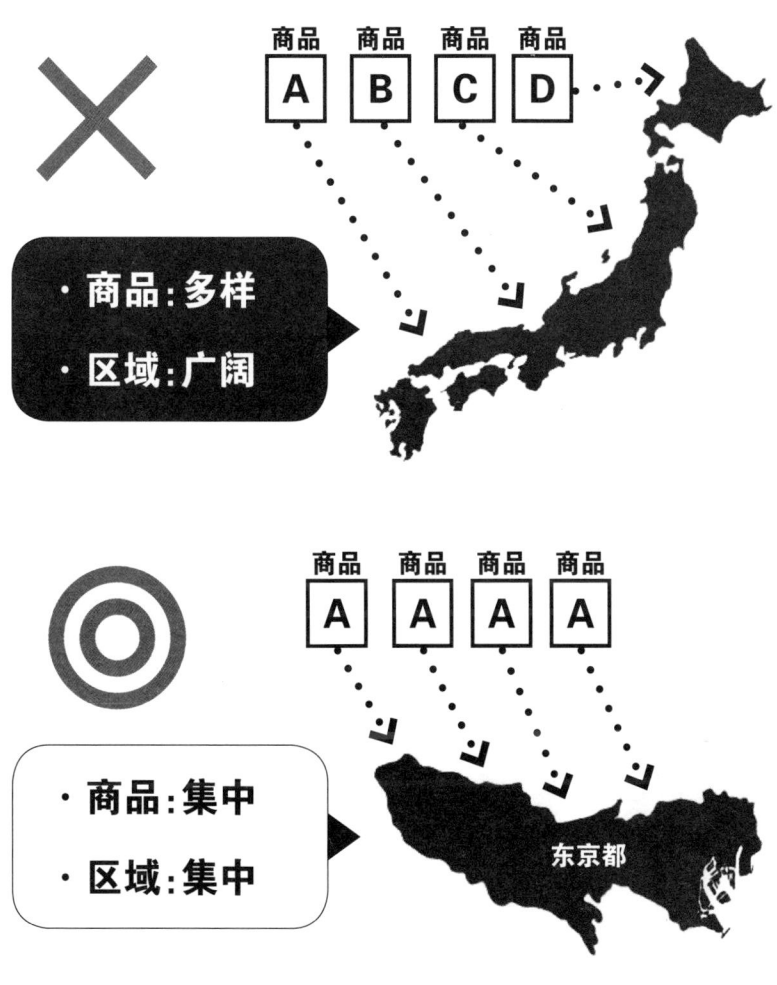

需要制订成为地区 NO.1 以及一类商品的 NO.1 等市场份额第一的目标战略。

▼ 即使成了强者,也继续采取弱者的战略

令乐清事业部引以为豪的是,现在公司在东京都小金井市的市场份额达到了 65%。由于采取了聚焦小金井市的战略,才使乐清的市场份额成为地区 NO.1。单从所占市场份额比例来看,乐清早已经成为强者,但公司现在却仍然采取弱者的战略。

为什么呢?

兰彻斯特战略定义如下:

① 如果是单项业务,需与第 2 名有 3 倍的差距。

② 如果是 2 家公司之间的竞争(一对一的竞争),需与第 2 名有 3 倍的差距。

③ 如果针对的是多个产品档次,需与第 2 名有 1.7 倍的差距。

④ 如果是 3 家公司以上的竞争,需与第 2 名有 1.7 倍的差距。

如果可以做到以上几点,就可以处于优势地位。

为了战胜对手,必须增强作战能力,与第 2 名之间拉开足够大的差距。针对制造业,通过致力于设备投资来增强作战能力;而对于服务行业来说则是增加客户。为此,必须做到不满足于成为 NO.1 的强者,必须毫不犹豫地投资于未来。

正因为如此,乐清事业部为了取得绝对优势,将实力强大的商品集中在小商圈内,而不是放在大商圈里营销。

▼ 效仿行业的反常规

假设本公司现在居于行业第5名。很多经营者，为了提高哪怕一个名次，也要去效仿比自己公司业绩好的公司。但是，仅通过效仿行业内的优秀案例，充其量止步于行业第2名，不会成为行业第1名。

如果以行业第1为目标，最好效仿在其他行业创造业绩的做法，这就是行业的反常规。

武藏野公司之所以可以持续增长，是因为学习了其他行业里行之有效的做法并用到了自己公司身上。我们公司的发展史，就是不断仿效其他公司的历史。我自称仿制的天才，我曾经开玩笑说武藏野股份有限公司的正式名称应该是赃物样本市场股份有限公司，因为全是效仿的其他公司。我积极地吸收、采用了大型PC（个人电脑）制造商和系统供应商等其他行业的成功案例才发展至今。武藏野的体制，100%都是仿制，没有一样是公司自己开发的。因为致力于自己所在行业尚未形成常态的"行业的反常规"，因此战胜了同行其他企业。

现在，武藏野公司正在举办实地参观会。从餐饮、娱乐、房地产、宠物商店、服饰、汽车销售、福利看护到俱乐部老板，参观者形形色色，甚至还有和尚和来自海外的人。

也有人会提出"不同行业的老板来参加,对自己会有帮助吗?"这样的疑问,其实,正因为行业不同才会受益。

服务行业,可以将制造业中成为常规的事物转用于自己行业。而制造业,则可以吸收娱乐相关企业卓有成效的举措……只有不断叠加行业的反常规,才能实现市场份额 NO.1。

❸ 扩大商圈

▼ 扩展已有客户的区域

为了实现 5 年营业额翻倍的目标,扩大商圈也是手段之一。但贸然扩大商圈不可能有效果,因为思路不对。

很多经营者往往认为:"为了提高营业额,必须先拓展商圈。而对于新的区域,我们公司还没有客户,所以有开发的余地。"但按照这个想法做却没有效果。

我的基本考虑方法是,使现在自己公司最强大的商圈变得更加强大以后,再转向下一个商圈,并且从已经有客户且非常熟悉的区域出发,考虑取得下一个商圈的份额。

经营支援会员的 A 公司,他们最初想在离总公司较近的区域拓展商圈,但没有实现预想的结果。于是,改用我指导的"某方法"后,实现了营业额增长。

A 公司总经理改用了什么方法呢?

最优先要做的是扩大现在已有客户的区域的市场份额。经调查发现,距离 A 公司的总公司较近的区域没有客户,而在距离总公司稍远的区域却有很多客户，于是在有客户的较远的区域投入了人力。

如果是已有客户的区域，很容易弄清楚它是什么样的商圈，它是什么商品（事业）畅销的区域，以及它什么地方吸引公司和顾客等地区详细情况。

拓展商圈时，不要针对没有客户的区域，而是要聚焦在已有客户的区域（公司），或者预计有潜在客户的区域（公司）以及过去曾有商品畅销的区域（公司）。

在下一个商圈，走访客户次数（接触次数）非常重要。为了战胜对手，反复累加走访次数，以此拉开与对手之间的差距。

与其1周走访客户1次，每次1小时，不如1周走访6次，每次10分钟。拓展商圈时也一样，增加走访次数是上策。因此，不要贸然拓展商圈，而是要致力于自己公司有取胜趋势的商圈，通过增加销售的次数来增加客户的数量。

扩大商圈时的思考方式

✗ 这个区域,还没有客户。因此,有开发的余地。

◎
- 进一步扩大现存客户最多的区域之后,再去邻近的区域。
- 针对预计会有潜在客户的区域(公司)或过去曾有商品畅销的区域(公司)多次走访。
- 尽管距离稍远,但也要在可能成为市场份额 NO.1 的商圈作战。

**不向不穿鞋的人卖鞋。
而是让已经穿鞋的人买下一双要替换穿的鞋。**

▼ 看清是否可以成为 NO.1

位于东京都北区的王子橡胶股份有限公司（工作用品销售）是一家营业额较大的公司。按地区排名，总公司所在地的东京排第1，岩手县第2，神奈川县排第3。当初安部真一总经理好像考虑要增加距离东京较近的神奈川县的营业额，但遭到了我的反对。

为什么呢？

因为在神奈川县的同行中有绝对强劲的对手公司。于是我提出了将神奈川县放在一边，先加强岩手县的销售的策略。

因为正确的战略是，与其在距离近但有对手的商圈作战，不如去距离稍远，但有望取得份额 NO.1 的商圈。

对手，是无论如何也要打败的对象。然而，很多总经理却不知道对手公司所在地以及对手公司的作战能力。这样怎么可能取胜呢？如果是新商圈，更是如此。

乐清事业在达到市场份额 NO.1 之前，对对手公司的所有销售车进行了确认，并分析了对手公司的作战能力。

他们的做法：每隔 3 个月去一次对手公司的停车场，清点销售车的数量（因为平时销售车全都出去了，所以星期天去），如果销售车的数量增加了，则说明作战能力增强了；如果减少了，则说明作战能力减弱了。

乐清事业的营业额与销售人员的人数大体成正比，并且，销售人员的人数可以通过销售车的数量掌握。如果知道销售车的数量，就可以大体知道营业额。即使不是准确数字，只要知道大体的数字，就可以推测对手公司的营业额以及自己公司的市场份额。

要想扩大商圈，就必须将工作做细致，分析商圈，分析对手。

❹ 致力于开展新业务

▼ 游刃有余时,挑战胜负

竞争公司是无论如何都要战胜的对象。但是对于公司来说,还有比竞争公司更强大的敌人。那就是时代。

眼下,竞争公司只是短期的对手,而对于经营者来说,最大的对手是时代的变化。因此,总经理需要从长远角度看清时代的变化趋势。

对公司来说,除了了解最大的对手是时代的变化以外,还必须适应随时代一起变化的经营环境。企业经营离不开公司的改革,这一点切不可忘记。

武藏野公司的经营支援事业部是于 2001 年启动的新项目。在其他咨询公司达到饱和的现状下,它持续增收增益,实现了销售份额占行业一半的目标。

武藏野公司能够获得 2010 年度"日本经营质量奖",理由之一就是有效利用本公司的经营经验技术和体制,创立了经营支援事业,并使其成为与乐清事业并驾齐驱的公司第二大支柱,营业额保持持续增长。

经营支援事业部为什么可以成功呢?

因为它是在乐清事业部有利润时启动的。

荣获2000年度"日本经营质量奖"以后,乐清事业部的全部负责人(课长级以上)都被调到了经营支援事业部,并且因为将从乐清事业部获得的收益投资在其中,经营支援事业部获得了成功。而现在又把从经营支援事业部获得的收益投资到乐清事业部。很多经营者会想:现在的业务不顺利,那么就开发新业务吧!

但是,当事业走下坡路,在没有余地的状态时,即使开始新业务,进展也不会顺利。原因是,持续发展时的游刃有余和被逼入绝境时的毫无余地,两种根本不是同一个层级的探讨。

新业务能成功,需要满足以下三个方面的充裕:

① 人,② 金钱,③ 时间。

5年营业额翻倍的经营计划中需要涵盖新业务。但是,经营者应该确认人、金钱和时间都充裕,脱离现在的业务1个月也不会有问题,才着手准备。如果现有业务都已自顾不暇,需要全力以赴去开展,那么开展新业务还为时尚早。

▼ 总经理应该直接负责新业务

武藏野公司启动新业务时，由总经理或董事负责。这是一条执行规定（经营计划书中有明示）。同时，经营支援事业部为了落实前述规定，从现有的事业部门中选拔优秀的员工，组成总经理直属的项目小组专门展开工作。

开始新业务时，很多公司喜欢"猎头"，即从外边挖人才到自己公司。而实际上，将新业务交给来自公司以外的精英，可能也好不到哪里去。为什么呢？

因为如果将新业务委托给挖来的精英，就得不到公司原有领导和干部的配合。尽管新来者想成功，但干部员工会认为没有自己的地位，没意思或不想配合。所以新业务不能成功。

如果一定要起用挖来的人才，也不宜立即让其负责新业务，而应该让其在其他事业部积累 2~3 年的经验之后再负责。

但如果是从现有事业部门选拔优秀员工组成项目小组，公司其他员工就会配合新业务的工作。那是因为他们"想守住自己的地位（职位）"。

乐清事业部的部长 A 先生，成为了新业务的负责人。于是，部长的位子给了新晋升的课长 B 先生。如果新业务失败，A 先生仍将以部长的身份返回乐清事业部，而 B 先生则要"做回课长"。如此一来，B 先生会想："好不容易才当上部长，一定要保住。既然不能让A先生再回来,那我就好好支持新业务吧。"

"因为不想返回原来的职位,所以支持。"尽管动机不纯,但有些员工确实不是从公司的立场出发,而是出于自己个人想法而努力的。正因为如此,发展新业务才不可无视人的心理。

开拓新业务时的思考方式

开始时期

×
- 现在做的业务不顺利,那么开始新业务吧。
- 在现有条件下已自顾不暇……

◎ 经营者确认人力、资金、时间三方面都充裕,脱离现在的业务1个月也不会有问题。

人才

× 猎取专家,委以新业务。

◎ 从现有的事业部门中选拔优秀人才,组成总经理直接领导的专业团队为新业务而努力。

若从现有的事业部门选拔优秀的员工,作为新业务的负责人,其他员工也会协助新业务的工作。

❺ 不在新市场开展新业务

▼ 新业务占据与现在相似的市场

武藏野公司的经营计划书中规定了以下新业务相关方针：

不将新业务放在存在时间比公司历史还长的老市场，而放在通过新技术可以改变的，与现在的市场相似的市场中。

开展有对手公司的周边新业务。

为什么要制订这样的规定呢？那是因为开展工作的难度按照下面的顺序依次提高：

① 将现有业务投放在现有市场。
② 将新业务投放在现有市场。
③ 将现有业务投放在新市场。
④ 将新业务投放在新市场。

我想很多人都知道，将现在经营的商品及服务投放到原有市场并提高份额是最简单的（①）。但如此一来，就不是新业务而是现有业务了，估计营业额不会有大幅增加。

因此，就需要对新业务按照步骤②投放到现有市场，以及按照步骤③将现有业务投放到新市场。

譬如，和民的外卖行业就是符合③的案例。要说"做饭"，那与目前的餐馆提供的服务并无二致，但送餐到家的服务形式则是新的市场。大和运输的"黑猫宅急便"同样也开发了新市场，即将业务内容从配送企业的大件改为配送家庭的小件，并且营业额大幅增加。

武藏野公司的经营支援事业部也符合③。

也许有人会质疑"业务内容与乐清的完全不同，不就是新业务吗？"但事实不是。我只着眼于开展员工教育，与银行交涉，检查环境是否完善，它就是现有业务。

武藏野公司通过公开现实、现场、实物，使大家看到的现有业务就像新业务一样。

▼ 不投入存在时间比公司历史还长的老市场

开始新事业时,千万不可做以下两件事:

一个是将新商品和新服务投入新的市场。

我以前经营饮食店之所以失败,就是因为在新市场开展了新事业。现在想来,在没有对当地的市场进行了解,便开展没有经验的新事业,确实冲动莽撞了。

另一个是投入存在时间比公司历史还长的老市场。之所以这么说,是因为老市场的规矩多,而新市场,几乎没有条文规范。如果没有限制,就非常容易操作了。

但是,去开拓新市场时,必须要发展有竞争对手的周边产业。没有对手的业务会失败,因为不存在市场(没有客户)。

手机运营商市场之所以变大正是因为有共存的对手——NTT移动通讯、au、软件银行(Soft Bank)在不断交锋。

▼ 用3年时间评价新业务

新业务,应该如何评价呢?武藏野公司将实现保本(收益与费用相等,没有收益或损失的平衡点)作为新事业成功的条件,用3年时间进行评价。

- 第一年,最近半年的营业额是否下降。
- 第二年,本年度的毛利额和营业利润额与上年相比是否下降。
- 第三年,损益平衡点是否下降。

在亏损公司和盈利公司,其可投入的资金额也不相同。因业务的熟练程度不同,评价年数也可能有差异。因此,评价标准不准确也没有关系,只是假设也没关系,只要有评价标准即可。

新业务,应该在确保现有业务收益的前提下展开。

为了使新业务继续而置现有业务于不顾,是本末倒置。为了不使新业务威胁到现有业务,我们应提前确定好新业务所需要的经费(即攻占市场的经费),确保现有业务收益的经费(即守护市场的经费)。

▼ 新业务失败是理所当然的

到现在为止,我亲自参与过各种各样的新业务,有50项左右吧。既有成功的也有失败的,但失败的业务的数量绝对占多数。我想八成的新业务会以失败告终。

我成为武藏野公司的总经理后,亏损最大的是叫作CREATE的事业部(1991年)。当时投资了3亿2000万日元,但营业额仅有3000万日元。当发现这项业务无法再继续下去时我便果断决定撤出,但完全撤出之前,也已花费了相当多的金钱和时间。

我从银行借来3000万日元作为撤退资金。尽管损失约3亿日元,但幸亏及时地撤出,没受到泡沫经济的冲击。如果当时拖拖拉拉继续那个业务,或许武藏野公司早就不存在了。

很多总经理都有这样的热情:既然决定开展新业务,就绝对不能失败。但是无论多么优秀的总经理,也不可能百发百中。在亲自参与的新业务中,如果成功两成,就已经非常好了。

人,只有通过失败才能有所收获。要让新业务获得成功,只有不断积累致命的失败经验。

我相信即使找遍全球也绝对找不到比我更有失败经验的总经理了。(笑)失败,当然不是好事。但是,失败也是向前迈了一步,面对一个个的失败毫不畏惧,并且不断向前。

我指导的500家公司没有1家公司倒闭，是因为我有实力。而实力是什么呢？就是体验失败的次数。

普通总经理的成功概率是两成。但因为我失败次数很多，所以我的经营判断成功概率相当于八成。如果二成命中、八成不中的总经理也能按八成命中、二成不中的总经理（即小山升）说的那样做，成功概率就会提高，公司也不会倒闭。

▼ 撤出时，舍得花时间一步步进行

谁都可以开始新业务，但是结束却不容易。我认为总经理可以顺利从业务中撤出才算能独当一面。一旦意识到不对，便立刻停止。

有人或许会有这样的想法："如果再稍做努力，是不是就有转机了？"但是如果拼命努力也没改变的话，之后再变好的可能性极小。

一旦意识到形势不对，就决定马上撤出。并且，如果决定撤出了，就得花时间一步一步地撤出。武藏野的CREATE事业部，也不是一口气撤出的，而是通过将营业所从5个合并成3个等措施逐步撤出的。

从业务中撤出时，应该逐步退出。一口气撤出的话，会导致员工军心不稳。

❻ 积极地进行M＆A

▼ 应该有效地买进时间和客户

原则上，最好能开展 M＆A（企业的合并与收购），因为这样可以有效地买到时间和客户。

如果要通过自己公司开发新客户，势必会花费时间。而如果是 M＆A，就可以得到被收购公司的客户，且能一下子提高市场占有率。

为了使并购成功，应该认识到以下 3 点：

① 高价买进。

② 直接雇用被收购公司的员工。

③ 请被收购公司的总经理担任顾问。

很多总经理在进行 M＆A 时，会考虑尽可能地低价收购。但是，低价收购是错误的。

试着从被收购公司的立场考虑下，他们当然希望被高价买下。如果一心想低价买进，那么万一被对手公司买进怎么办？势必会增加对手公司的份额。

无论是自己公司开发新客户，还是进行 M&A 都要有资金投入。既然一样要出钱，又何必非要拘泥于低价呢？

东京都足立区 RSS 股份有限公司（擦手巾出租）的石川拓彦总经理就曾经打算低价收购，但错失了并购的机会。我向他们提出了价格高也要买的指导建议，之后据业内传言说，他们后来高价买下了那家公司，而且随后好项目蜂拥而至。即使到了现在，他们也在通过并购不断扩大规模。

▼ 继续雇用被收购公司的员工

针对被收购公司的员工，最好按照之前相同的工资继续雇用。被收购公司的总经理最担心的不是收购价格（多少钱卖出公司），而是现在正在工作着的员工是否可以维持生活。因此，如果知道收购方可以同样的条件继续雇用员工，他们就可以放心了。

收购后如果换掉被收购公司的人员，并一口气构建自己公司的体制，这样的 M&A 可以说是失败的。因为很多中小企业的客户是跟着人走的，换了人就意味着流失了客户。

同时，最好让被收购公司的总经理担任顾问。让其担任顾问的好处是可以让被收购公司的员工感到安心。

另外，在收购时可以先支付收购金额的一半，剩余的一半作为顾问费 5 年内付清。如此一来，初期投资变少，而对于被收购公司的总经理来说，以工资的方式支付，相对税金也减少了。

SANBIRU 股份有限公司的田中正彦总经理在进行 M&A 时，选择了留用总经理而取得了成效。

"签约客户非常重视与总经理（被合并公司的总经理）的关系。因此，买下公司后就换掉总经理，势必会出现解约者。为此需要在一定的期限内适当延长总经理的任期，或者让其退出一线，转而担任会长。"（田中总经理）

与发展新业务相比，M&A还更容易得到银行融资。因为现有业务的营业额会有所增加，而银行是不会向底细不明的新业务提供资金的，因此如果是现有业务，银行了解其业绩，就会提供资金。

第 2 章
5 年营业额翻倍的"事业计划"

总 结

▼ 尽管市场缩小，也要改变思路和策略，以增加新客户。

▼ 彻底贯彻兰彻斯特定律，市场份额达到 NO.1。

▼ 以已有客户的区域为中心扩大商圈。

▼ 在现有业务有利润且有余地时再致力于开展新业务。

▼ 用 3 年时间评价新业务，攻下与现在相似的市场。

▼ 积极进行并购，可以有效买进时间和客户。

第3章

5年营业额翻倍的『基本』

❶ 明确公司的目标

▼ 想打造什么样的公司

制订5年营业额翻倍的长期经营计划时,总经理首先必须明确公司的目标。考虑清楚要打造什么样的公司,例如要上市还是要保持行业内的优势,或是成为地区NO.1等。

我的目标是:在小区域内取得大市场份额并壮大公司。

曾经有位做老板的熟人对我说:"像小山你那样的做法,是成不了上市公司的。"

我立即回答说:"嗯,是的。"因为我的目标根本就不是上市公司。

当然,我并不否定上市。因为上市也好,不上市也好,都是正确的。无论选择上市或是选择不上市,都是总经理的生存方式。

对于我来说,我是想按照可视化飞行来经营,也就是员工的名字与脸相对应的经营方式。武藏野公司的正式员工有150人,临时工550人,共计700人(我认为一个人可以管理的人数极限是3500人)。

我为什么不以打造大公司为目标呢？

原因之一是，我们公司的优势是速度而不是规模。总经理的意愿和决定，能马上传达给员工并得到落实，这非常重要。如果规模变大，经营速度就会变慢。我们公司的员工都认为，"如果总经理说做就绝对要做"，"那就趁早开始干吧"。这是我们公司的企业文化。

▼ 其次提出"假设"进行计划

如果公司的目标明确了,就要考虑为了实现目标,需要怎么做并提出假设。在我们公司,将假设称为"粗略计划"。

我从来没有因为经营计划相关的数额目标烦恼过。每次都是根据当时的情形,只是粗略分配这个部门几亿几千万日元,那个部门几千万日元罢了。

过度追求准确性却从来不提出假设(计划)的公司,和数额有些荒唐但有假设(计划)的公司相比,后者更强。因为如果有假设,就可以进行比较和验证。

将假设的数额(即目标)与实际的数额(即业绩)相比,然后实施弥补两者差距的措施,称之为"对策"。

如果确定目标并落实,肯定会有一定的业绩,其差距只在于经营者的想法与市场的发展。如果可以比较或验证业绩数额与目标数额,少多少(或多多少),如何才能弥补差距,就能明白下一步该怎么做(即对策)。

蔬菜、水果店的店主制订了苹果和梨的销售计划,并且随意将销售目标数额设定为苹果10万日元,梨5万日元。

实际销售的结果是,梨的营业额为10万日元,而苹果只有5万日元。于是店主知道了,客户需求更多的不是苹果,而是梨。

这种情况下,因苹果没有实现目标营业额,而对苹果的销售投入精力的做法是错误的。因为从实际情况来看，客户更需要的是梨，因此正确的做法应该是对梨的销售投入更多的精力。

采取这样的对策是因为有假设（粗略计划）。也正因为有了"苹果销售10万日元，梨5万日元"的粗略计划，才可以发现与实际的销售情况的差距。

很多经营者都想制订出与市场评价没有任何出入的准确计划。但是，计划终归与市场之间有差距。因此，根本不需要从一开始就制订完美的计划（数额）。

先提出假设，再根据假设拟定对策才是切实的计划制订方法。

长期事业计划书也一样。如果想在一开始就给出准确的数额，势必要花费时间。因此，只要先制订粗略的长期事业计划，然后一边关注平衡表（B/S，资产负债表），一边验证实际的资金流动情况即可。

如此一来，就可以明白很多事情，比如执行这个常态利润目标是行不通的，需要再重新调整一次；不宜马上进行设备投资，宜从明年开始；事实证明不能通盘扩大，先扩大增长势头最好的业务等。

通过制订计划，也可以了解自己公司的现状。一开始是粗略数字也无妨，重要的是尝试制订，觉得不合适时再调整即可。在一次、两次、三次制订计划、调整计划的过程中会逐步提高精度，最终完成5年营业额翻倍的长期事业计划。

目标 − 业绩 = 对策

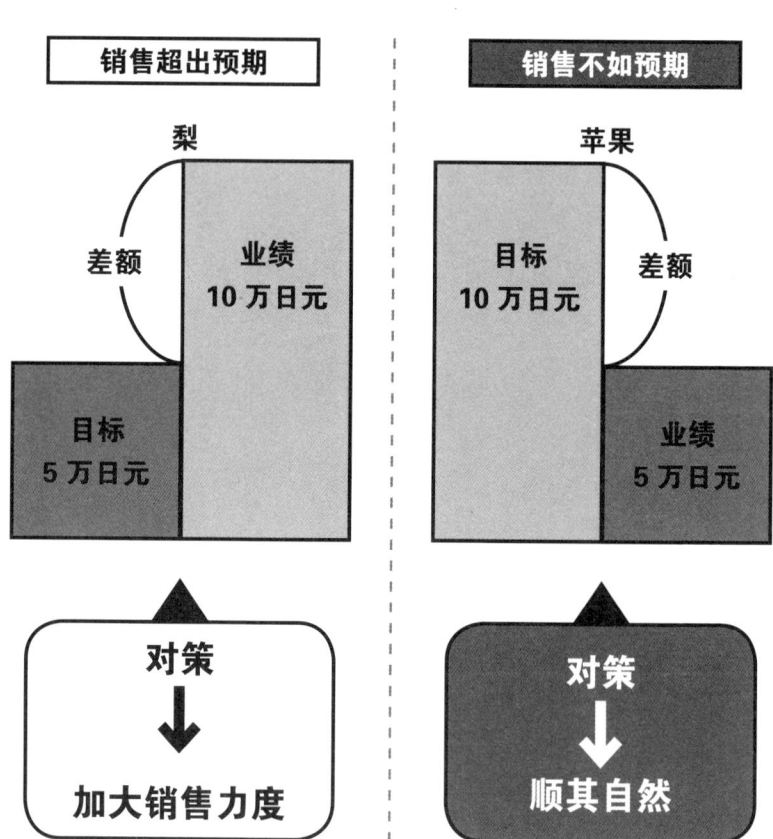

如果没有假设（粗略计划），就不知道业绩，也制订不出合适的对策。

▼ 提出假设的经营者和没有提出假设的经营者有明显差别

我喜欢反复假设和验证，甚至在猜拳时也一样。我会根据对方的话语和不形于色的一个个举止提出假设。

比如这个人是先出"布"的类型。

平时吃汉堡先从正中开始咬的人，今天是从边上开始吃的。从正中开始吃时，这个人总是出"石头"。但是今天先从边上吃起，应该不会出"石头"吧。

这个人一旦平手过一次，就一定会改变出拳的内容。

最终我的取胜率保持在八成以上。

我过去在银座的高级俱乐部做过一个游戏：预先在托盘背面写上自己出哪种拳并声称出这个就输了。真的猜输了以后翻过托盘一看，跟猜拳的黑岩宽先生和服务生一样吃惊。因为这证明了我假设的正确性。

猜拳和经营都绝对不是公平的。没有提出假设的总经理无法战胜反复假设和验证的总经理。

❷ 卖"子弹"而不是卖"枪"

▼ 将销售状况始终良好的业务特殊化

商务模式分为两大类,即卖"枪"的商务模式和卖"子弹"的商务模式。

如果是"枪",通常买一次暂时就不会购买了。第二次购买往往是在原有的商品不好用或者想换有新功能的型号时。

枪的单价高,故而难以促成二次购买。因此,必须经常获得新客户。

"子弹"又是什么情况呢?买枪的人必定要使用子弹,只要在用枪就需要不断补充子弹。

因此可以定期向相同的客户反复销售同样的商品。

因此,不卖"枪",卖"子弹"可以说是收益稳定的商务模式。不卖"枪",卖"子弹"的商务模式中最典型的例子,是武藏野公司的乐清事业(租赁业务)。

通过长期事业计划改变商务模式

福岛县的ADDRESS股份有限公司（不动产产业，高尾升总经理），是通过转变从"枪"到"子弹"的商务模式从而提高公司利润的。

ADDRESS公司原来以不动产的买卖为主营业务，但因不动产无法做到向相同的客户多次销售，因此收益难以稳定。成为经营支援会员之前的ADDRESS只有5个员工，利润也只有50万日元。

于是高尾总经理制订了不是卖"枪"而是以卖"子弹"为目的的长期事业计划，致力于开展二手房的租赁业务和集装箱业务。可以预见，无论是二手房的租赁还是集装箱行业（出租收纳空间行业），营业额都有望得到持续的增长。

现在，ADDRESS不仅营业额提高了26倍，同时常态利润也提高了100倍（员工23人），并且形成了通过"子弹"（租赁业务）维持固定费用的同时，仅凭"枪"的销售部分就可以增加常态利润的体制。正因为制订了长期事业计划，才使公司从卖"枪"的公司转变为卖"子弹"的公司，ADDRESS已然脱胎换骨为实力雄厚的公司。

▼ 经营支援事业部长久不衰的理由

拟定商务模式时要制订长期事业计划,需要思考要构建什么样的体制,才可以让相同的客户反复购买。

经营支援事业部之所以可以做到持续增收增益,是因为我们一边在关注价格设定,一边构建了向相同的人多次销售相同研讨会的体制(第一次按照定价销售,第二次打九折,第三次打五折)。

如果研讨会无论参加几次价格都一样,大家就没有想继续参加的心情了。近来,其他的咨询公司之所以处于举步维艰的局面,就是因为他们没有构建持续销售下去的体制才导致一次就完结。

然而,武藏野公司不同。经营支援事业部之所以长久不衰,是因为将被视为"枪的业务"的研讨会业务变成了"子弹的业务"。

▼ 提升付费客户的满意度

客户可以分为以下两种：
① 接受服务的客户。
② 付费购买服务的客户。

接受服务的客户与付费客户并不一定是相同的客户。对于武藏野公司的家庭护理事业（高级护理）来说，付费的是家庭，而接受服务的是老年人。

这种情况下，应该满足哪一边才好呢？

答案当然是满足接受服务的客户，但也需要提高付费客户的满意度。譬如，补习学校提高孩子快乐学习的满意度固然重要，但是希望孩子可以考入理想学校的父母的满意度，也需要加以提升。

本人的拙著《培养公司头脑的方法——你可以经历的失败，不可以经历的失败》（日经BP公司）以及之前写的《总经理为何不选你当干部？》（日经BP公司）都是以员工为读者对象的书籍，但实际上是为了让老板买来让员工读的书。

托大家的福，两本书都很畅销，畅销的原因是，不仅读者（员工）满意，而且付钱的人（总经理）也满意。

❸ 将利润投资于未来

▼ 将钱用于经营革新

很多公司有了利润后,就准备将其作为留存利润。

但我的做法不同。为了不让公司的经营模式固化,随时准备进行经营革新,塑造不易倒闭的公司体制,我不会把利润用作留存利润,而是优先投资于未来。比如,如果上一年的利润是 50%,今年就稍微提高到 51%,下一年再稍微提高到 52%。如果今年利润达到 80%,超出的 29% 就投资于未来。

在武藏野,如果有了利润,是按照以下顺序投资于未来的:
①增加客户数量。
②教育培训员工。
③完善基础设施。
④作为常态利润。

首先是增加客户的数量。要将资金用在新业务和新开发及促销上。为了增加营业额,只有提高客户购买额或者增加客户的数量。很多公司打算提高客户购买额,但这种做法是错误的。

因为客户既不会超额透支购买，也不会在一个店购买所有需要的物品。

尽管超市老板考虑把销售品种准备得应有尽有，让大家无论鱼、蔬菜还是副食品都可以在自己的店里购买（想提高客户购买额），但主妇还是会选择在几个不同的店购买。

为什么呢？因为主妇知道那边店里的鱼更新鲜，对面店里的蔬菜便宜，A店多少钱、B店多少钱，这已经决定了金额的分配。因此如果饮食店提高了单价，结果只能是客户不来自家店消费而去其他店了。因为客户使用的金额是有限的。

客户一定购买的件数是10件，则营业额共计10万日元。而客户购买件数达20件时，则营业额达到20万日元，这称为"增长"。反过来，如果保持客户购买件数不变，但营业额达到20万日元，则称为"膨胀"。要想营业额增长，就要增加客户。

客户的购买额慢慢提高，也不要太高兴，反而要带着危机感。以前，在武藏野MERRY MAID事业部曾有过一个营业额为96万日元的客户。但是后来那个客户去世，事业部也就全线崩溃了。

为了不使公司破产，增加顾客购买件数远比扩大营业额重要，因此无论如何都要增加客户的数量。

▼ 盈利之路只有靠培训员工

与对手拉开差距的关键,不是商品和价格,最好的方法是实现人的差异化。如果行业内的水平一样,那么决定胜负的就是人的成长。

正因为如此,接下来要先行投资的就是员工培训。

有的经营者认为花钱培训员工就是浪费,这种想法是错误的。只要不是特殊的市场,无论同行哪家公司,经营的都是大同小异的商品和服务。如果没有专利或者特别的技术,仅仅通过商品很难与其他公司拉开差距。

那如何实现差异化呢?

关键在于员工(即人)。

提供商品和服务的是人。客户不是看商品选择,而是看人选择。谁都不想从态度不谦逊的人手里买东西。无论哪个行业,客户看的都只有人。

话虽如此,但优秀人才大多集中在大企业,因此不仅是武藏野公司,中小企业也很难吸引到人才,就算人才被录用了也会很快辞职。

因此,中小企业只能录用普通的人才,构建强大的体制,明确方针,反复进行员工培训,使普通人才具备作战能力,这才是正确的经营方式。总之,舍得为培训员工花钱的公司才能生存。

武藏野公司在对员工的教育培训方面从不吝于投入时间和金钱。与同样业务规模的公司相比，武藏野公司在员工教育方面投资了相当多的钱。2002年，武藏野公司将与常态利润同等的金额，用作了教育研修费。

员工教育，既要花费时间、精力，还要花费金钱，因此对手不会轻易效仿。加之员工教育本来就是无形固定资产，无法计量，因此划为全额经费。有利润的公司实施员工教育也是节税的一种方式。

对中小企业来说，在员工教育方面投入资金是有难度的，因为不能立即见效，而是之后才能看到效果。但是对中小企业来说，除了花费金钱和精力教育员工以外，没有其他可以持续盈利的道路可走。在我指导的公司中，没有一家公司因为对职工教育投入过多而倒闭的。

▼ 将常态利润放在最后

我曾被经营支援会员企业的总经理问道:"武藏野在 IT(情报技术)化开发方面的投资有多少?"我回答:"这个问题还用问吗?"因为只要有收益,就会毫不犹豫地投资。去年也在完善设施方面进行了投资,共购买 220 台 iPad mini,分配给包括非正式员工在内的全体员工。

常态利润反而是放在最后的。一般公司都是有了效益,就最优先留出常态利润,但武藏野却将其放在最后。因为有了钱而留下不用就没有意义了。如何使用赚来的钱才是意义所在。

我年轻时,不懂存款,全部扔到酒馆里了。有人或许觉得可惜,但正是因为那时的经历,我有了更多的体验。如果把钱留作存款,自然就无法获得相同的体验了。

公司也一样。与赚钱相比,更重要的是建构一个垮不掉的体制。在确保必要的最低收益的前提下,将剩余资金投资于未来。

武藏野公司在确定了当年的利润后,如果超出目标数字,就将超出部分全部用于投资。不仅如此,在知道势必会盈利的情况下,还会进行先行投资。不是有了利润之后才采取行动,是在还没有获利的情况下,为了盈利而贷款进行投资。

如果一定要等有了利润再投资,就会错过机会。商品没有在热卖的时期卖出去就会滞销。因此,即使借钱也要先行投资。

为了获得利润要先投资,而不是有利润之后才投资。只有这样,公司才能强大。

创造利润，投资于未来

投资的优先顺序

1 增加客户的数量

为了提高营业额，只有提高客户销售额或者增加客户数量。
其中，提高客户销售额的做法是错误的。

2 教育培训员工

由于员工教育培训既要花时间、精力，又要花费金钱，因此对手不可能轻易效仿。人不成长，公司也不会发展。

3 完善基础设施

不是竹枪作战，而是空中作战。
通过 iPad mini 同时共享信息。

4 常态利润

一般公司将常态利润放在第一位，而武藏野公司却将其放在最后。在确保必要最低利润的基础上，将超出部分投资于未来。

武藏野公司先确定本期盈利额，再将超出目标的部分全部用于投资。

❹ 贷款（一）

▼ 即使没有使用计划最好也要贷款备用

我坚信：有些事是绝对不能做的。

大多数经营者想法很多，那个想做、这个也想做，但他们先决定的不该是想做的事，而是不做的事。一旦决定了不做的事，自己公司应该做的事就显而易见了，因此，只要主心骨不动就不会再迷茫。

绝对不做的事中，有一项就是无贷款经营。此处我要说的不是不贷款，恰恰相反，是要积极地贷款，避免无贷款经营。

通常，大家都认为贷款不好。保持无贷款经营的总经理被视为优秀经营者而受到赏识。但我认为这种想法是错误的。贷款是可以做的事，而且是应该做的事。

如果有总经理认为应该无贷款经营，这样的总经理应该立即辞去总经理一职。

经营，始于现金，终于现金。钱，是公司的血液，停止流动，公司就会倒闭。公司也只有贷款才能保证血液（即钱）不停地循环，才能生存。

可以进行无贷款经营的，一种是律师事务所和会计事务所这样的服务公司；另一种就是地区 NO.1 或行业 NO.1 的公司。

然而要想成为 NO.1，就必须扩大规模，为了扩大规模就要贷款。即使以无贷款经营为目标，最终仍需贷款。

广岛县的广岛瓦斯高田销售股份有限公司（液化石油气制造销售）的住吉峰男总经理，当初进行的就是无贷款经营。住吉总经理从上一辈手中继承了无贷款公司。因为住吉总经理一直相信无贷款经营才是正确的，因此我给予了他"贷点款试试"的建议。

"老实说，当时对我来说，并没有想清楚贷款用途，但既然小山总经理说了就想尝试下，虽然的确不知道用来做什么好。最初是抱着练习的心态，借了 3000 万日元。因为不知道用在什么地方，于是问小山总经理：'这个钱，怎么用啊？'小山总经理说：'这样啊？别管它。反正贷款就对了。'感觉很好笑吧。"（笑）（住吉总经理）

▼ 贷款，是对将来的投资

紧接着，住吉总经理又借了1亿日元。

"存款放在银行，现在也没有多少利息。还不如改变一下，把钱放在客户那里。我们公司是销售液化石油气的，所以我就购买燃气热水器，出租给客户。从长远角度看，这样可以防止客户流失。如果只考虑当前的话，当然没有必要贷款。因此也明白了从长远角度考虑时，如果不一边投资一边考虑下一步的计划的话，公司就会逐渐走下坡路。"（住吉总经理）

广岛瓦斯高田销售股份有限公司现在也在积极开展生活支援服务。不仅参与ALSOK（综合警备保障公司）的家庭安全事业、乐清事业、干洗事业，还参与"黑猫宅急便"的货物集聚代理等业务。他们没有局限于液化石油气业务，而是灵活地融入了新的行业、新的服务。

在燃气行业日渐不景气的情况下，如何求得发展？一种答案可以是提供与生活息息相关的服务。

"液化石油气行业与以前的操作模式不同，现在无须与客户见面即可完成业务。即客户不在家也可以检查仪表并完成石油气的配送，收款也是通过转账。尽管我们提倡'与社区紧密相连'，但实际上根本没有见到客户的面。既然液化石油气行业可以不与客户直接见面，那么其他服务是不是可以与客户直接见面呢？于是我们通过从事干洗行业、"黑猫宅急便"的货物集聚等业务充分制造与客户见面的机会。去客户那儿接收订单,再送交到客户家中。如此一来,通过这种关联,实现了让客户继续使用我们公司的液化石油气的目的。"(住吉总经理)

贷款是对未来的投资。无论是投资设备,还是开始新业务或者增加人员都需要资金。如果认为有利润之后再进行设备投资也可以,不慌不忙地准备,就会跟不上时代变化的步伐。

有的经营者认为,贷款就要向银行支付利息,太可惜,或者,想尽办法支付低利息,但这种想法是错误的。

我认为即使利息稍高,也要多借些贷款,这非常重要。在经营公司方面,重要的不是利息而是金额。不在乎利息,贷到需要的金额才是正确的做法。

所谓经营其实就是增加数量,而为了增加客户的数量,刚开始肯定要投入资金。的确,如果从银行贷款就要支付利息,支付了利息就会减少常态利润。但是,利息是让公司发展的必需经费。

如果可以从利息高的银行和利息低的银行两家银行贷到款,应该从哪家借呢?

答案是,两家都借。

如果现金有富余,就有利于制订经营战略。而如果有多家进行业务往来的金融机构,就可以得到更有利的条件。

❺ 贷款（二）

▼ 如果无贷款就不能在紧急状态下获得融资

"无贷款经营的财务体制是好体制，紧急时刻容易借到钱"，这种想法是错误的。

从来没有贷过一次款的公司忽然申请融资，银行会怎么想？

他们当然会警惕：这个公司情况不乐观，把钱借给他们不一定能收回，融资的事还是等等再说吧。

泡沫经济崩溃和雷曼兄弟事件之后，很多老店破产了。导致他们倒闭的最大原因是因为无贷款。

被大家所熟知的超优良企业M公司（巧克力制造商）之所以破产，是因为它坚持了无贷款经营。雷曼兄弟事件以后，资金周转不灵的M公司向银行咨询了融资事宜，但银行没有贷款给他们，于是他们只能转让公司。

如果有融资及还款记录的公司（信用良好的客户）和没有记录的公司（新客户）都向银行提出"借钱"的要求，银行会把钱借给哪家呢？肯定是信用良好的客户。如果是信用良好的客户，银行一直关注着它的试算表和决算书，所以容易掌握它的经营状态。银行会根据过去的记录向其放款，而对于第一次贷款（未来的事业或新交易）肯定非常慎重。

　　武藏野之所以借取超出需要的款额，是为了备不时之需。我认为可以贷款的信用本身也是一笔财产，从银行获得融资并按时返还的业绩，这也是遭遇紧急情况时可解燃眉之急的一种方法，是不破产体制的一部分。

　　福岛县南相马市的A公司，在东日本大地震中受灾严重。震灾次日，我收到了副总经理发来的语音邮件。

　　"地震来了！小山先生，我们该怎么办啊?!"

　　我说："马上去银行，借3亿日元！"

　　平常，我会建议会员在无担保、无个人保证的情况下借钱，但这种情况下我会告诉他们：即使需要个人保证或者担保都没关系，但一定要把钱先借到手。

　　南相马市由于震后受福岛第一核电站事故的影响，18个月的时间里无法正常运转。但A公司因为有现金以及从银行借的3亿日元支撑，逃过一劫。

　　18个月后，东京电力公司填补了这段时期的赤字。但如果公司没有了，即使东京电力公司想填补也填补不了了。

　　最重要的事就是要让公司生存下来，要想方设法不让公司倒闭。为此，向银行借钱容不得半点犹豫。

❻ 不倒闭

▼ 应付票据与公司倒闭密切相关

普通公司优先考虑的是赚钱。但武藏野认为与盈利相比，更应该优先考虑的是无论如何也不能让公司倒闭。

武藏野的目标是成为一家绝对不倒闭的公司。并且，为了避免公司倒闭，确定了绝对不做的事。那就是——不发行应付票据。

只要发行应付票据，公司就存在倒闭的风险。对于公司来说，即使出现亏损也不会垮掉，但如果开了票据却没有如期支付，即使公司是在盈利的情况下，也会面临倒闭的风险。

作为票据，只要在票据纸上写上金额，盖上印章就成为了资金，因此非常便于资金的筹措，但其弊端是受时效限制。如果在支付日没有支付足额现金，那么就等于公司在那个时间点跳票了。

如果发行应付票据，经营者就会因忙于筹钱而不能一心一意发展事业。我既有因发行票据而被追讨债务的亲身经历，也有因流通票据到期却筹不到钱而被逼到绝境的遭遇。那种辛苦实在让人受不了。

为了不让公司倒闭,必须停止类似发行票据的业务。

爱知县的名古屋眼镜股份有限公司(眼镜相关商品销售)的小林成年总经理,通过将5亿4000万日元的应付票据降为零,使自己的公司成为了不会倒闭的公司。

名古屋眼镜股份有限公司曾经有段时期,零售店的订单蜂拥而至(因为对手公司倒闭了)。于是小林总经理在增加供应商的进货量时,发行了应付票据。当营业额增加时,也可以用应付票据结算。

但由于零售店也从名古屋眼镜公司以外的地方进货,使得名古屋眼镜公司的营业额下降,结果出现了用于支付的周转资金不足的情况。

尽管常态利润有5000万日元左右,但票据到期时却没有钱支付给供应商。如果这种状况一直持续下去,公司在盈利的情况下也会倒闭的。

于是只有通过多次短期贷款来渡过难关,眼镜公司在4年间向银行申请短期贷款的次数多达38次。

小林总经理决定,为了不让公司倒闭,停止应付票据的发行,同时制定了"5年间将应付票据余额减为零"的方针。

通过从银行长期贷款或者将利息退还给收款人,停止了应付票据的发行。支付给供应商的款项,全部采用现金付款。最终比计划提前1年将应付票据余额变成了零。

如果应付票据为零,就不用担心跳票了。于是小林总经理果断决定撤掉赤字部门(隐形眼镜业务)。

隐形眼镜业务的营业利润虽然低，但也占总营业额的15%。如果撤出会使营业额下降，或许会导致资金不能周转，甚至出现不能按期支付票据款项的问题。但就是因为发行了应付票据，所以没能轻易地撤出。

因撤出导致下降的营业额达到了约4亿日元。尽管如此，小林总经理还是感慨地说："幸亏后来没有了票据，改善了经营体制，才得以提高了毛利。"

第 3 章
5 年营业额翻倍的"基本"

总　结

▼ 为了实现 5 年营业额翻倍的经营计划，明确想要成为什么样的公司。

▼ 业务特殊化——将相同商品定期反复销售给相同的客户。

▼ 不将利润留作留存资产，而是投资于未来。

▼ 按照①增加客户的数量，②教育培训员工，③完善基础设施，④作为常态利润的顺序投资。

▼ 为了实现 5 年营业额翻倍的经营计划，积极贷款。

▼ 不发行导致公司倒闭的应付票据。

第4章

5年营业额翻倍的『利润计划』

❶ 制订有梦想的计划

▼ 如果总经理没有梦想,员工也不会有

在经营支援事业部的实践经营学校开展的安昙野集训中制订长期事业计划书(长期事业构想书)时,岛根县的SANBIRU股份有限公司(房屋综合性管理)的田中正彦总经理提出了"102%的计划",被我否决了。田中总经理后来回顾当时,笑着说:"被小山升严厉地彻底否定了。"

"我曾经认为,现在的时代是公共投资减少,建筑行业相继破产的时代,因此不可能有很大的增长,能稳定发展就不错了。我认为增长率的最大限度是2%。但是看了我定的计划后,小山总经理说:'你有梦想吗?如果老板没有梦想,谁还会有梦想?如果总经理没有梦想,员工也不会有。你考虑过员工的幸福吗?制订个更有梦想的计划吧。'我问道:'我不知道怎么才算有梦想。''你这个笨家伙,5年营业额翻倍不就是梦想吗?……'"(笑)(田中总经理)

由于受通货紧缩的影响,销售价格不断下降。100日元的东西变成80日元、60日元,甚至40日元。在过度竞争中,增长到102%实际上也很不容易吧。尽管很清楚这一点,但还是要求他制

订5年营业额翻倍的计划。

"我当时想这不可能实现吧。(笑)于是我就对小山总经理说：'小山先生你不了解我们行业的情况呀。'但是他却根本没理会我的担忧，而是说：'制订计划和那个没关系。你先尝试着列出数额，说不定就会发现什么。'我来到外边，在安昙野的山中散步。行走在山中，感受着清风，沐浴着阳光，自言自语道：'怎么办才好呢？'而在眺望常念岳时，忽然就有了灵感。如果尝试着改变下所处位置，说不定就行得通呢。不是站在山阴这样的小世界里考虑问题，而是尝试着扩大到广岛、冈山和山口会怎么样呢？"（田中总经理）

当时，田中总经理收到了来自山口县（萩市）的询价，他想到：说不定这可以成为一个突破口。现在的山阴市场可以达到102%。如果可以进入山阳（冈山、广岛、山口）市场，营业额就可以翻倍了。于是重新修订了长期事业构想书。

"尽管只是粗略地给出了一个数额，但是不可思议的是，就在决定数额后，应该做的事就越来越明了了。确实如小山总经理所说，卖卖这个，卖卖那个，去这样的市场……"（田中总经理）

现在，SANBIRU 公司也在致力于开展指定管理事业和M&A，正因为田中总经理列出了一个大概的数额，才会为实现那个数额而付诸实践。

"如果没有那个数额，就没有现在的 SANBIRU。尽管只是一页经营计划书，但在长期事业构想书中却呈现出了公司的、总经理的以及员工的梦想。尽管数额只是一个粗略的数据，没有经过充分的验证。但是，即便这样，只要有数额并将其说出口，就会越来越接近自己的梦想。制订长期事业构想书时,员工人数定的是100人,而现在已经超越了梦想,达到了1500人。"(田中总经理)

武藏野之所以制订5年营业额翻倍的经营计划,是因为无论是谁,有了梦想才会努力。

正因为如此,长期事业计划就是经营者挑战梦想的计划。

❷ 数额具体化

▼ 数字就是无声的语言

在武藏野组织各经营支援会员进行的经营计划书编制集训中,我让参加集训的总经理们制订了5年营业额翻倍的经营计划。

为了实现5年营业额翻倍,必须做到与上年同期相比增长15%。如果本年度的营业额是1亿日元,明年就要达到1亿日元×1.15=1亿1500万日元,后年就是1亿3225万日元。这样算下来,5年后营业额就要达到2亿日元。

如果最初制订了5年营业额翻倍的计划,那么为了实现这个目标,就请尝试着填入事业计划、利润计划、人员计划、设备计划、资金等具体的数额吧。

为何要填写具体的数额呢?

是为了把好的预感具体化。坏的预感总是比好的预感更容易应验,因为坏的预感是具体的,而好的预感是抽象的。因此最好将好的预感具体化。所谓具体就是指数额。

如果单纯对员工说"努力把营业额提上来",员工是不会努力的,因为"努力"是一种抽象的指示。但"把营业额提高 5 万日元"是基于数字的指示,会成为具体的目标,员工就会按照具体目标努力,数字就是无声的语言。

如果现在的营业额是 100,明年的目标也是 100,那就是继续执行相同的方针。而如果目标是 150 就需要增加 50%,目标是 50 就减半了,而如果是 0 就应该是放弃了。

增加或者减少是抽象的,搞不清楚应该增加多少或者减少多少。所谓的具体是指用数字来表示。

按照 5 年的长期事业计划给出具体的数额,制订 5 年的资金运营计划,分析 5 年的财务状况。从 5 年后往前推算就可以知道今天应该做什么了。为了实现长期事业计划,就需要决定今天应该做什么。

▼ 毛利率低的行业要计划利润翻倍

长期事业计划以 5 年营业额翻倍的目标为基本。但如果是毛利率低的行业（纯利率少的行业），就不需要重点针对营业额，而是需要制订 5 年常态利润翻倍的计划。（在实践经营学校，制订利润计划研讨表，结合各公司的营业状况，指导"制订以提高营业额为目标的战略好，还是制订以提高利润为目标的战略好"的问题。）

茨城县的茨城县大同蔬果股份有限公司（批发业，铃木敏二郎总经理），是从事蔬菜和水果批发业务的公司，销售模式是从产地的农户家买进蔬菜和水果再卖给零售店。

利润上限为蔬菜 8.5%、水果 7%，如果蔬菜以 1000 日元的价格卖出，就可以抽取其中的 85 日元（剩余 915 日元汇给产地农户）留作利润。

因为毛利率低，我向铃木总经理提出了"不提高营业额，而是提高毛利率"的建议。通过研究利润计划，发现如果毛利率提高 0.2%，常态利润就可以增长为原来的 2 倍。于是，制订了"改善毛利，常态利润翻倍"的长期事业计划。

"我第一次参加实践计划学校是在 11 年前。尽管当时自己经常制订短期计划，但从来没有制订过长期经营计划。确定了长期计划的数字后，发现仅靠原有的营业计划不可能实现常态利润翻倍。于是，按照小山总经理'哪怕乱说也好，先要开始新业务'的指示，（笑）制订了长期计划。实际启动新业务是在六七年前。在北海道成立了事务所，开展蔬菜的货物集聚业务（挑选水果、分类）（现在已经实现了盈利）。"（铃木总经理）

蔬菜和水果不能面向广泛的区域流通。如果以每公斤 220 日元批发，采用空运，运费就会变高，因此铃木总经理决定，不面向广泛区域而是深入当地。除此以外，通过采取与其他行业的批发相结合拓宽销路等措施，稳步且顺利地改变了经营结构。

"通过制订长期事业计划，也可以做到清楚掌握自己公司的数据了。每年，小山总经理都会要求我们完成以改善 B/S 为目的的作业，因此我们会开展消除延期资产、无担保无保证从银行贷款买下本公司股份或者卖掉交易方有亏损可能性的股票等活动，通过了解并改善 B/S，逐步强化了公司的财务体质。如果没有长期事业构想，也就没有 B/S 的改善以及新业务的开展。"（铃木总经理）

大同蔬果股份有限公司之所以能发展壮大就是因为制订了 5 年常态利润翻倍的目标，明确了现在该做的事和现在不该做的事。

制订长期经营计划时考虑"列数字"的方式

第 × 期　经营目标		
1	**营业额** X 亿 XXXX 万日元	市场活动的标尺 （如果总经理的考虑和客户的考虑相符，则营业额提高）
2	**毛利额** X 亿 XXXX 万日元	收益的标尺 （毛利多的公司比营业额多的公司更具实力）
3	**人事费** X 亿 XXXX 万日元	少于毛利额的 50% 才合理 （工资、福利费、教育费等的合计金额是最固定的数字）
4	**经费** X 亿 XXXX 万日元	1 年后，只有投资金额的话，只要毛利增加就没关系 （限定地域使用更有效）
5	**促销费** X 亿 XXXX 万日元	攻克的促销费＝增加新客户 守卫的促销费＝确保现在的收益 （减少这些费用就会在行业竞争中失败）
6	**折旧费** X 亿 XXXX 万日元	一般占有形资产的 15%
7	**营业利润** X 亿 XXXX 万日元	总经理满意的额度 （总经理的决定可能会导致赤字也可能盈利）
8	**常态利润** X 亿 XXXX 万日元	

❸ 不以比率而是从额度考虑

▼ 制订能 100% 实现的目标没有意义

有的总经理根据比率来考量问题,比如业绩提高了百分之几,增长率是百分之几,贷款利息是百分之几……但,按照比率考量是错误的。

无论营业额、采购还是经费,武藏野都是按额度来管理的,因此利润目标的正确考虑方法不是比率而是额度(毛利额)。不管比率提高多少,如果毛利额没有超过经费,公司就不能继续经营。

刚从二军升上来的职业棒球选手,在最后一局中被派为替补球员,机缘巧合之下打出一把安打。1 打数 1 安打,打击率是 100%。

另一方面,选手一朗的打击率是三成五,一年内打进 200 个球。这种情况下就能说打击率 100% 的替补选手比一朗选手厉害吗?不能。因为虽然打击率低,但也可以肯定仍然是积累了较多安打数的选手一朗更厉害。

经营企业也一样。不应该按照比率而应该按照额度考虑。按照比率考虑，会看不清自己公司的真实情况。不是因为毛利率高，公司就能产生效益。重点是，毛利额要超过固定费用。

判断经营策略是否正确的标准，不是能否100%实现利润目标。如果利润目标定得低，那么实现率就可以达到100%。相反，如果利润目标高，实现率就会低。这是理所当然的事。

我担任总经理36年，只有一次实现了利润目标。而那一期之所以可以实现目标，恰恰是因为我制订的利润目标低。可以说是错估了员工的实力。

如果将利润目标设定为102，实现率为100%，业绩（额）是102。如果将利润目标设定为200，实现率为60%，业绩（额）就是120。如果按照比率考虑，会觉得前者更优秀，但实际上业绩更突出的是后者。

5年营业额翻倍的营业额目标也一样。与其将5年后的营业额目标设定为102，实现率100%，不如将利润目标设定为200，业绩额120，实现率60%。

不知道制订数据的总经理只会对员工说"加油、努力"。但是如果从员工的立场来考虑，他们不知道怎么努力，努力做什么。

打棒球时，如果不知道"0比0平局"或者"1比0胜了"或者"0比1输了"的结果就不会有明确的努力方向，也就不知道该怎么努力。

如果不知道比分，球员肯定不会努力。如果不知道营业额目标是多少，也不知道实现了多少，肯定也就无法制订对策。

经营,不是以比率而是以额度考虑

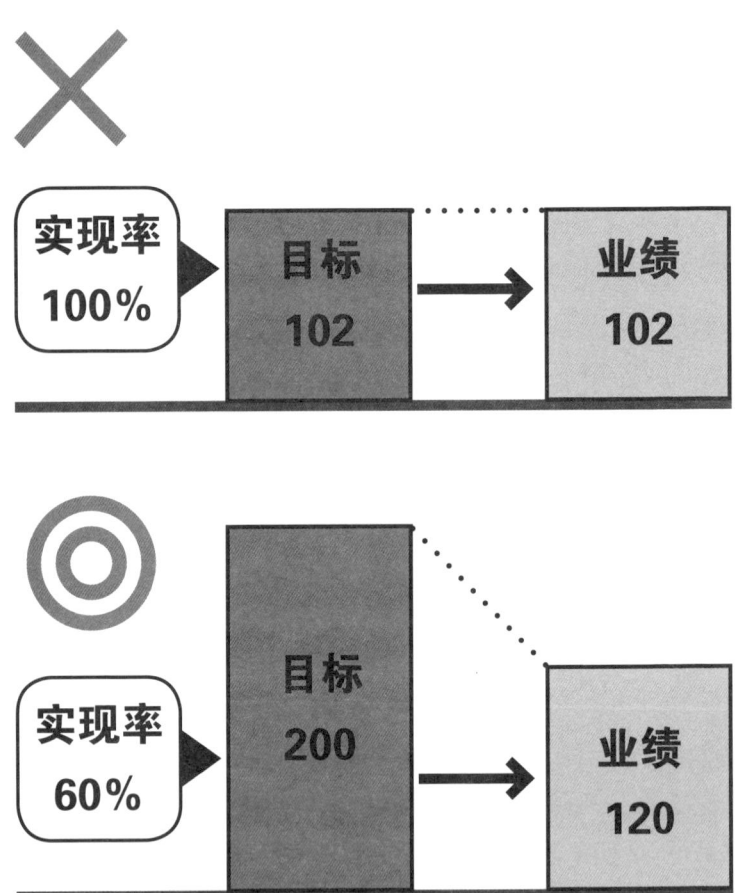

判断经营策略是否正确的标准,不是利润目标的实现率是否为 100%。即使实现率低,额度(业绩)增加就是好的。

▼ 应该一月一次关注数额

只在一年一度的年度决算时对数额进行比较，无法掌握自己公司的问题，应该一月一次，关注公司的数额。

武藏野每月对营业额、毛利及营业利润进行年计。

年计是指一年数额的合计，汇总了从当月起最近一年的数据资料。这不仅有助于掌握长期的趋势，在制订短期计划方面，年计也是必不可少的参考资料。

上月累计营业额 + 本月营业额 − 前年同月营业额 = 年计

由于年计是将一年的数值以月为单位移动累计的，因此也被称为"移动累计"。

2010年2月～2011年1月的客户数

2010年3月～2011年2月的客户数

2010年4月～2011年3月的客户数

经营不能只通过"断面"（某个时间点的数额）进行判断。

不应该根据每月数额的好坏或者与上年同月进行对比，对经营情况做出判断，而应该根据整体倾向进行判断。

因为是年计，所以既包括营业额多的月份也包括营业额少的月份，因此不受季节变化的影响，可以掌握纯粹的营业额的变动情况。

用表格的形式汇总年计，不如用图更简单易懂。

图的凹凸处是异常值。找出出现凹凸点的原因，是因为有意采取了某种措施而出现的，还是出乎意料之外出现的，从而可以保证经营的安全。

亲手绘图，更容易注意到变化。

如果年计图的曲线开始变缓，可以知道它接近顶峰或低谷了。如果曲线开始下降，就会意识到有危险而及时踩刹车（重新调整经费）。而如果曲线开始上升，则会踩油门（加强销售）。通过图表化，可以对经营倾向一目了然，并立即采取对策。

对于加油站等公司来说，应该按照营业额和数量两个标尺来制订年计。因为如果价格变动，即使数量减少，营业额也可能会提高。

并且不仅要有自己公司的年计也要有行业的年计，这样就可以了解自己公司占市场多少份额。有时感觉我们公司有增长，但整个行业增幅巨大，那我们公司也有份额丢失的可能性。

通过年计图看数值的变化

> 仅通过表格发现不了数值的变化

（单位：百万日元）

	5月	6月	7月	8月	9月	10月	11月	12月	1月	2月	3月	4月
40期	3,530	3,529	3,535	3,533	3,547	3,567	3,580	3,535	3,610	3,598	3,574	3,574
41期	3,483	3,461	3,398	3,379	3,332	3,276	3,226	3,185	3,047	3,032	3,039	2,998
42期	2,942	2,950	2,940	2,952	2,955	2,988	3,028	3,012	3,008	2,998	2,979	2,935

> 如果做成图，就可以看出变化

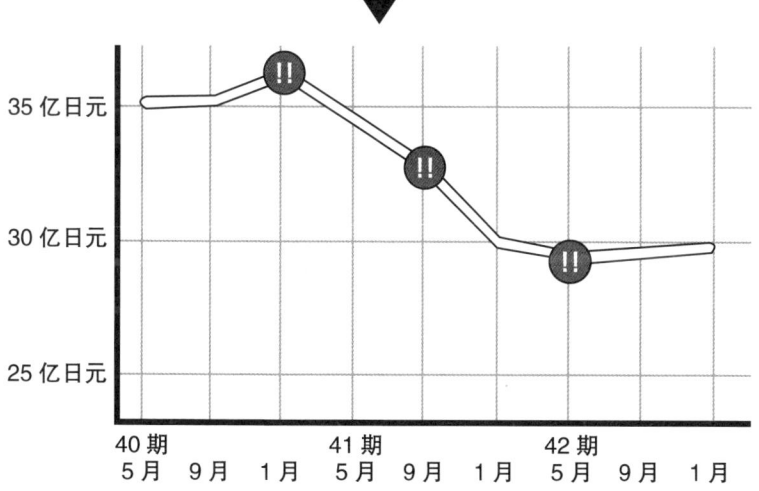

亲手绘制年计图，可以立即注意到变化。
年计图曲线开始上升就踩油门（加强销售）。
年计图曲线开始下降就踩刹车（重新调整经费）。

❹ 实践"25%法则"

▼ 为了有变化而进行改变

制订5年营业额翻倍的经营计划,换句话说就是开始实施新举措(新的手法和新的事业)。如果不积极采取新举措或与以前不同的做法,如撤出亏损部门或者开始新事业、将库存数字化以及进一步向优质部门投入人才,就没有希望实现翻倍增长。

成长中的公司(或事业部)会经常发生变化。比如,经营商品和服务的变化,或者拓宽商圈、增加新客户,以及进行大规模的组织变更等等,武藏野也一样。

自己公司的经营顺利时,很多总经理会想:

好不容易顺利了,就不要节外生枝了。维持现状吧。

事实正好相反。正值飞速改变的时代,维持现状就意味着后退。正因为顺利,才更应该向前看,进行改变。很多经营者深信不变化=稳定。而事实上不变化才是不稳定,变化=稳定。

变化,不会等我们公司跟上步伐。

变化,不会顾及我们公司的情况,而是径自前行。

因此没变化的公司势必会被时代抛弃,最终面临倒闭的结局。只有适应客户需求不断变化的公司才能生存。

商品、客户、员工的换新

为了让公司发展,最好按照"25%法则",让公司发生变化。符合这个法则的公司、事业部必定会发展。

所谓"25%法则"是指:
- 25%的正在经营的商品(服务),是5年以内新开发的商品。
- 25%的客户,是5年以内新开发的客户。
- 25%就职于公司的员工,是5年以内新录用的人才。

"商品""客户"及"员工",都以5年以内更新25%为指标。只要三者之中有一项实现,业绩就可以与上一年持平。而商品、客户及员工三项都有25%新鲜力量注入的公司,会成为发展非常迅速的公司。

关于员工,原有员工中有人辞职也没有关系。新增人数如果可以达到员工总数的25%以上,就可以视为变化。

相反,如果这三方面没有任何变化的公司,毫无例外会出现业绩下滑。如果出版社5年间没有出版过1本新书会怎么样呢?应该会倒闭或者被收购吧。

如果想在5年后有发展,就要不畏变化。
无论商品还是客户或者员工,都要有25%以上的更新。

❺ 每年提高工资水准

▼ 以行业 NO.1 为目标

希望员工的工资每年可以稳定提高。

武藏野的经营计划书中,明确写明:

人事费根据贡献程度公平分配,工资水平以比同地区的工资水平高 10% 为目标。人均人事费每年稳定提高,以行业 NO.1 的工资水准为目标。

在计划中写明年收入平均每年增加 1 万日元或者平均提高 5 万日元等具体的数额。如此一来,员工便会格外有干劲。

虽然工资在提高,但事实上人均人事费不可能极端增加。

为什么人事费不增加呢? 因为人员有流动。如果营业额增加,员工就会因工作量变大而变得忙碌。因此,没有热情的员工就会因为跟不上公司的发展而辞职。

加之有新员工加入公司,且新员工的工资低,因此即使总人数有所增加,人均工资也不会发生太大变化。

员工中既有充满干劲的员工,也有混日子的员工。

混日子的员工，考虑的是尽可能轻松地拿到工资。很多总经理会对只是混日子而没有干劲的员工感到棘手，于是有时会精简人员（人员重调）。

但武藏野即使不做人员重调，也会让混日子的员工主动辞职。这是为什么呢？

因为有公开的人事考核。武藏野总经理以及就职的所有员工的工资奖金都是公开的，而且课长级以上实名公布。尽管课长级以下只公布了事业部名称隐藏了姓名，但如果仔细分析下就能知道是谁。

不仅工资，晋升理由也是公开的。公司会公布谁因为什么理由而成为课长（部长）的选拔过程。

针对混日子的员工的评价等级为D。如果连续被评价为D等级，那个人没好好工作的情况就会众所周知。于是当事人就会因觉得尴尬而主动辞职。

▼ 接受培训教育后员工辞职是"得"

有的经营者认为培训教育员工需要花钱，如果员工他们辞职会给公司带来损失，这种想法不对。因为从感情上来说是损失，但从费用上来说却有大好处。因此倒不如说接受过培训教育的员工辞职是"得"。

如果薪水和地位都相当高的员工辞去工作，由于人事费可以压缩，因此保本点也会变低。

而且新员工进入公司后，认为工作任务繁忙是理所当然的，因此即使工作量多，也不会抱怨。

另外，由于新员工已经具备了某种程度的知识，因此水平较高。针对资格较老的部长级干部，需要在工作中花公司的钱教会他们 Excel 的使用方法。而新员工从学生时代开始就经常使用 Excel，因此无须从头教起。

如果因干部辞职而空出了位置，这就会为其他员工带来机会。负责启动经营支援事业部的 T 部长离开武藏野时，很多经营支援的会员担心因为部长的离去而使武藏野的营业额下降。

而实际上营业额非但没有下降反而倍增。因为获得机会的员工，因有填补 T 部长职位空缺，提高奖金的"不纯"动机而非常努力。

尽管是中途辞职了，但在我们公司接受过培训教育的员工确实比其他公司的员工更优秀。如果活跃于其他公司，也可以对社会做出一定的贡献。

❻ 品牌最优先

▼ 促销费的目的，是为了提高品牌影响力

品牌是什么，其实就是放心。

年底，无论是住宅附近便利店赠送的啤酒还是知名百货商店赠送的啤酒，东西都一样的。既然如此，为什么选择知名百货商店赠送的呢？那是因为百货商店赠品的包装纸给人以高档品牌的印象。

促销费优先用于提升武藏野品牌。

对我本人来说，无论出版书籍还是宣传著作，都是为了提升武藏野品牌的知名度。

现在为止，我的商务类书籍已有 50 种以上问世。

我的书畅销这件事本身也能提高我们公司的品牌影响力，并且成为有力的宣传。每次我的书发行，我都会非常热情地（比出版社都远远热情）开展促销活动。

提高品牌影响力有什么好处呢？

如果品牌影响力提高,就容易签订新合同,因为客户放心。

客户再买相同的物品时,如果让他们选择从小店买还是从大店买,答案肯定是大店。因为与新成立的公司相比,客户更信赖已经经营了10年的公司。因为它有着品牌影响力。

▼ 使用促销费以进一步促进畅销商品的销售

使用促销费的目的为：

进一步促进畅销商品的销售，

减少畅销商品的销售损失。

因为将经费用于畅销商品，品牌更会被大家所熟知。但将促销费用于滞销商品也改变不了销售状况。

武藏野最畅销的商品是什么呢？是乐清，还是实践经营学校？都不是。

在武藏野最畅销的是"小山升"。因此，我们为了让"小山升"畅销而投入了资金。

将促销费平均使用在全部商品上，效果较差。确定市场，集中在小范围使用效果更佳。

次数越多，越容易引起客户的注意。登报纸广告时，不能只登一次便结束。我曾经在《日本经济新闻》投过 1 亿 1000 万日元的广告费（一年）。之所以聚焦《日本经济新闻》是因为主妇基本不读小山升的书。

使用促销费的目的，是为了提升品牌影响力，正确的做法是进一步促进畅销品的销售。

而为了实现 5 年营业额翻倍的经营计划目标，就需要品牌影响力，因此，进一步促进畅销品的销售不可或缺。

第4章
5年营业额翻倍的"利润计划"

总 结

▼ 5年营业额翻倍的经营计划,应该是总经理为了让员工有梦想而制订的挑战梦想的计划。

▼ 利润计划需要确定具体的数额,制订5年的资金运营计划并分析5年的财务状况,决定今天应该做什么。

▼ 利润计划需考虑的不是目标达成率而是利润金额。

▼ 按照5年营业额翻倍的经营计划,确定25%的商品、客户以及员工应更新。

▼ 按照5年营业额翻倍的经营计划,以行业NO.1的工资水准为目标。

▼ 将促销费用于提高品牌影响力及进一步销售畅销品。

第5章

5年营业额翻倍的『人员计划』

❶ 成为"自下而上"的公司

▼ 首先通过"自上而下"推进事务

武藏野公司以每年提高工资水准和成为行业 NO.1 的工资水准为目标。并且,在长期事业构想书中写明:作为良好企业市民,配合社区发展,打造 1000 人的雇用计划。

为了实现 5 年营业额翻倍的经营计划,需要决定构建什么样的组织机构。首先,总经理要通过"自上而下"地做决定。

武藏野公司第一次获得日本经营质量奖(2000 年)时,获得了"顶级合作指导"的高度评价。而在 2010 年第二次获奖时,又被评价为"现场主动型经营体制"。

2000 年,由于员工教育培训尚未全面落实,是通过小山升的"超级自上而下"模式提高了员工水平。此后,通过加大对员工的培训教育投入,培养了员工的思考能力。那个阶段是"自上而下"模式向"自下而上"模式转换的过渡期。

现在的武藏野公司,已经转变为 98% 的改善建议由基层向上传达的超级自下而上组织(截至第 36 期的经营计划书都是由我一个人制订，现在则交由社员完成）。

我就任总经理之初的武藏野公司是地地道道的"自上而下"的公司。我说这样做、那样做，员工（不情愿地）按照我说的去做。在公司中能做决定的，只有总经理。中小企业99%的事由公司老总一个人决定。

因此，刚刚成立的公司或者尚未进行员工培训教育的公司，自上而下推进是正确的。如果允许员工不遵照总经理的方针行动，会导致作战能力分散，竞争力下降。

而在公司负责任的，也只有总经理。

无论是在5年营业额翻倍的经营计划中还是经营计划书中，都写明了针对目标及方针的利益责任，承担该责任的，只有计划的制订人总经理。

所谓负责任就是承担经济上的损失。针对议员和官员的贪污腐败现象，给予的是让其引咎辞职的处罚。但是，如果让我说的话，仅仅是辞职不能算是承担责任，那不过是逃避责任。

比如，你发生了一起汽车追尾事故。因为你对前方疏忽大意，导致对方的车体凹陷。你需要如何承担责任呢？仅仅道歉说"对不起"是无法解决问题的。承担修理费（承担经济上的损失）才是承担责任的方法。

如果公司倒闭，总经理应该承担全部的经济损失。这才是承担责任。

▼ 逐步转为"自下而上"

如果员工有了进步,就可以逐步转为"自下而上"的传达模式。如果是通过教育培训而成熟起来的组织,共享信息并逐步落实总经理方针的做法由来已久,转为"自下而上"的传达模式,会更有利于应对不断变化的现实环境。

在公司内部与客户见面概率最高的不是总经理和干部总管,而是最前线的现场员工。如果把与客户接触的现场员工的呼声反映到经营中,那才是更合理的。

❷ 全员进行整理、整顿

▼ 需要提高全体员工的水平

由于制订了5年营业额翻倍的经营计划,为了实现目标,需要提高现场员工的能力水平。为此,针对员工的培训教育不可或缺。

在武藏野,全体员工每天早晨需要履行30分钟的"环境整备"义务。

所谓"环境整备",是指整理完善方便工作的环境。

根据作业分工表,确定由全体员工负责,利用30分钟的时间将自己负责的部分环境整理得干干净净。每月会根据检查清单进行确认。

或许有人会认为这种工作是打扫卫生,但一般的清扫与武藏野的环境整备看似相同实则不同,存在很大的差别。

上班时间以外无需支付工资的打扫是志愿活动,志愿活动也可以不做。而环境整备需在工作时间内完成。另外打扫不需要进行检查,而环境整备则需要定期检查(1月1次),并将检查情况反映至业绩考核中。

1天或者2天没打扫，公司也不会多么脏。但是即便不脏，每天也要强制性进行磨炼，这非常重要。

因为早上30分钟的清扫是非常重要的员工教育活动。

中小企业不是因为有优秀人才就职才有业绩，而是因为有价值观相同的人一起工作才能取得成果。

单个人的作战能力即使不突出也没有关系。尽管实力不是特别强，只要所有员工心齐，无论有什么困难都可以克服。

如何才能让所有员工心齐呢？只要让所有员工做相同的事就可以。

工作，不是谁都可以立即完成的。但如果是清扫工作，无论老员工还是新人，都一样可以完成。这是重点。

我把早上30分钟的清扫命名为"环境整备"，并赋予其极为重要的企业战略位置。

"最好让员工心生厌烦的不悦感"是我的一贯主张。如果员工只做愿意做的事，公司就不会进步。由于强制会让人感到厌烦、煎熬，因此才能培养出内心善良、坦率的人。

对员工来说，无休止的环境整备也是讨厌的事之一。但是，在让员工做讨厌的事的过程中却凝聚了他们的心。

▼ 所谓整理，是指丢掉不需要的东西

环境整备的要点是整理和整顿。

所谓整理，是指丢掉不需要的东西。

按照需要与否，将物品分类，需要程度达最小限度的，即可扔掉。

在武藏野，从1987年开始连个人的桌子也扔掉了。通常，大家会认为扔掉花钱买的桌子太可惜，但放着不用更可惜。扔掉，不是浪费，买了不使用的东西才是浪费。自2009年开始，营业的管理人员扔掉椅子站着工作。

丢掉像书架那样的大件时，一个人是无法移动的。需要由几个人一起抬出，他们一起抬书架的过程使合作的心具备了雏形。

漠视并丢弃不需要的东西，这是整理的基本原则。有人会觉得说不定什么时候还会用到，不能轻易扔掉。但是说不定什么时候还会用到，其实大概就不使用了。

如果读完接收的邮件，我就会立即删除。只有认为或许还需要再看一次的邮件，才会通过Google的收藏夹进行保存。而这半年中重读的邮件却只有1封。

▼ 通过整顿，达到需要时可以立即使用的状态

所谓整顿，是指保持需要的东西，处于需要时可以立即使用的状态。

整顿包括以下 3 种：

①物品的整顿。

②信息的整顿。

③想法的整顿。

整顿与收拾不同。

物品的整顿，必须规定放置场所。

从笔、尺子、畚箕、书架内的资料到椅子，都要规定放置场所和放置方法。按照 1、2、3、4、5 的顺序放置或者按照从高到低的顺序放置或者按照从低到高的顺序放置、水平放置、头靠齐放置……

我一般把伞放在抬眼能看到的前方，铅笔盒放在手边，甚至手提包中的哪个位置放什么也是定好了的。西装右口袋里放钥匙，左口袋放手帕，定好放置位置非常重要。

物品的整顿，一目了然。谁看都明白。

一般公司会开展心灵教育。但武藏野不对员工进行心灵教育。因为不存在可以让心灵向上的工具（我虽然担任总经理，但也不是可以进行心灵教育的了不起的人）。

我只对用眼可以看明白的事物进行具体指导。物和事可以用

眼看清，可以计量。对用眼睛看不见的抽象的事物即使进行了指导，也很难有成果。环境整备可以通过眼睛看到，可以确认，因此，可以了解成果如何。

其次是信息的整顿。武藏野的会议，规定从距离现场最近的较低职位开始按自下而上的顺序发言。目的是对信息进行整顿。

（a）业绩报告（数字）。

（b）来自客户的心声。

（c）竞争对手信息。

（d）本部及合作伙伴的信息。

（e）自己及员工的想法。

会议的召开按照职务高低自下而上，按照（a）~（e）的顺序报告具体的数字，让总经理以下的干部员工共享信息。

另将经营方针、长期事业构想书、长期财务分析表、经营目标、事业年度计划（全年计划）等汇总为一本手册（经营计划书）。哪个部门有什么信息，一清二楚，无须再问别人。

我对手机通讯录也做了整顿。假使我重要的合作伙伴中有个叫"小山升"的，如果按照"koyamanoboru"输入，直到"ka"行的最下面才能找到小山升，因此，按键找出小山升的名字相当花费时间。

于是我将"小山升"的读音按照"kaaaaakoyamanoboru"输入。于是小山升被列在了"ka"行的最前面，再找的时候，一下子就能找到，非常方便。

手机的"ra"行里，录入的是我常住的旅馆（酒店）的电话号码。

日航酒店、东急 INN 都在"ra"行。在日本,姓氏中有"ra、ri、ru、re、ro"的人极少,也就是说,"ra"行是空白。因此如果在"ra"行存上酒店名称,可以很顺利地检索到电话号码。

我是个平庸的总经理,没有什么能力,但我却比其他任何员工掌握的信息都多。之所以可以做到这样,是因为我对信息做了整顿,譬如那个工作在这里、这个书面请示书在那里。

▼ 反复说一件事的总经理是一流的

所谓想法的整顿，是指记住对公司来说正确的事和对员工来说正确的事。

武藏野以经营计划书和《优秀工作者的经验谈》（阪急交流）为教科书进行想法的整顿。

在对想法进行整顿方面，基本上只使用了这两份资料。用较少的教科书，多次重复相同的事，这样反而能使人进步。因此，我在25年间一直坚持着这种做法。

如果教导太多，谁都容易半途而废。中小企业战胜大企业，以"量"决胜负。与其教给员工很多内容，不如反复教导一件事。

假如，孩子在上小学一年级的时候教他（她）棒球、二年级教田径、三年级教游泳、四年级教篮球、五年级教乒乓球、六年级教足球，尽管教了很多，但结果哪个体育项目也没学好。像荣获国民荣誉奖的运动选手，是因为从小开始就只练一个比赛项目，才具备了超一流水平。

如果总经理每次都把不同的新内容教给员工，员工就不会进步。被员工调侃为只会说一件事的总经理，才是一流的总经理。

❸ 通过模拟，培训教育员工

▼ 无法共享时间和场所就不能让员工进步

有些公司为了对员工进行培训，采用了远程教育的方式，但我认为通过数字化方式不能提高人的能力。如果武藏野也对员工实施远程教育，将以照抄某人的答案而告终。因为人都不愿意做麻烦的事。因此，谁也不想认真地回答。

武藏野的员工教育，全部采用模拟。如果不下工夫共享时间和场所，就不能培养人才。

即使强调 100 遍"在那个俱乐部有个非常非常漂亮的小姐"，也不能让人信服。因为无论嘴上怎么说明，也不能把那位女性的魅力传达给听者，不如一起去看一下。百闻不如一见，说的就是这个道理。

要想价值观相同，就应该共享时间和场所。当然，即使带着一起去看了，可能也有人会说："总经理，我认为并不漂亮啊。"如果这样，"那就带我去有你认为漂亮的人的地方看看吧"，然后再一起去就行了。如果对方说"啊，果然，你说的没错"，你们的价值观就完全契合了。

武藏野有个所谓"到现场100次"的规定。有个会计课长当上了销售课长,由于他对现场情况不了解,总给部下下达前后不符的指示。

为了成为一名合格的销售课长,他决定与自己的部下一起到现场去100次,请部下教自己。

上司每次一起去现场,就能从部下那儿得到1个印章,直到印章集齐100个。每次都从部下那里学习怎么工作,到第50次左右时便出现了改变。随着次数的增加,课长和部下的交流更好了。因为共享了时间和场所,也实现了价值观的共享。

人,当然只对和自己有关系的事物感兴趣。因此员工教育可以变成共享时间和场所的体制。前述的"环境整备"就是代表。

全员上下团结一致专心打扫。允许员工在清扫中闲聊或进行谈话,只要手不停下来就可以。目的是使员工间的交流更加顺畅。

下面介绍几个武藏野让员工可以共享时间和场所的学习会:
·清晨学习会

是以《优秀工作者的经验谈》为教科书,向员工解说术语的学习会(从早上7点30分到8点30分)。目的是使总经理和员工统一价值观,构建强大的组织。

截至2012年12月7日举办了5000次。

· 视察

将正式员工、临时工和钟点工分成 9 组，视察所有营业所。让全员了解共享武藏野是如何发展至今的，以及取得了怎样的成果。

· 政策学习会

每年上半年 5 月和下半年 11 月，举办 2 次，全员参加（包括临时工和钟点工）。学习会由两部分组成，前半部分表彰业绩优秀者等，后半部分由小山升对当年的方针和公司设定作为目标的方向性进行说明。

· 经营计划发表会

每年 5 月，在本公司的期初发表本期一年的方针。干部和被选拔出的业绩优秀的员工参加。

❹ 晋升、降职规则

▼ 优秀员工组合，不怎么优秀的员工组合

小 A、小 B、小 C、小 D 是 4 位课长。业绩最优秀的是小 A，倒数第一的是小 D。于是很多总经理会考虑：

给优秀的小 A 配上工作能力稍差的部下，而给业绩倒数第一的小 D 配上优秀的部下。

这种想法是错误的。正确做法是让优秀的部下跟着优秀的上司，而让工作能力稍差的部下跟着工作能力同样不强的上司。

具有同等能力的人（能力相当的人）在一起，更容易切磋。我想如果以日本足联和大相扑比赛的名次表为例进行说明的话，会更容易明白。

乙级联赛的选手，如果能在乙级联赛中取得前面名次就有机会晋升到甲级联赛。因此乙级联赛的选手非常努力，只要比赛成绩领先，在名次表中的位置就能提前。相扑也一样，因此大力士们都非常努力。如果横纲和序二段参加同一场相扑比赛，序二段肯定不能取胜。但是，如果是序二段之间的相扑比赛，序二段或有取胜的可能,所以选手会努力。

相反,如果不能保持排名,就会从甲级降格到乙级去。如果在比赛中负多于胜则会在名次表中的排序靠后,因此选手也会拼命努力。

▼ 不让优秀的员工和不怎么优秀的员工竞争

如果很多人构成一个集体，按照 2:6:2 的比例将大家分成 3 个小组。这就是所谓"二 — 六 — 二定律"。

上等二成 —— 收益高的小组

中等六成 —— 收益中等的小组

下等二成 —— 收益低的小组

有趣的是，如果下等的两成组成新的小组，还是按照 2:6:2 比例分出优劣，收益性低的员工中就会出现努力的员工。

我在组织体系构建中就应用了"二 — 六 — 二定律"。

在为营业所配置人员时，是按照聚集了 A 等级的员工的营业所和聚集了 B、C 等级的员工的营业所进行区分的。

如果平均分配 A、B、C 各等级的员工，该营业部的发展就会变得迟缓。为什么呢？

因为武藏野的人事评价是相对评价的方式，A 等级的员工会因为草率地认为"如果还是这些人，下次自己也可以被评为 A 等级"，另一方面 B、C 等级的员工会认为"有 A 等级的那个人在，下次评价时，自己也是 B 等级"而放弃努力。

但是，如果营业所只有 A 等级的员工，由于存在降为 B、C 等级的可能性，所以谁都不敢松懈。

相反，在只有 B、C 等级的营业所，员工会认为如果自己努力或许也会被评为 A 等级，从而专注于工作（武藏野的组织体系：将职务等级分为 6 个，被评价为 A 等级的人优先晋升）。

让优秀的员工与不怎么优秀的员工竞争没有意义。只有让同样优秀的人之间竞争、让同样不太优秀的人之间竞争，才能使公司更具活力。

▼ 明确晋升或降职的规则

很多中小企业,没有明确的晋升或降职的规则。根据总经理的喜好决定人事评价的情况也不少见。但是,如果不事先明确晋升或降职的规则,员工会产生抱怨。

武藏野的经营计划书中写有晋升或降职的基准,并明确了规则(从Ⅰ等级晋升至Ⅱ等级,需要满足2年内2次被评为"A"或1次被评为"S",大学毕业取得1次"A"即可马上晋升等)。

乐清事业部的课长(小A)想当部长,按照规定,必须去经营支援事业部,获得3次A等级的评价。于是小A尽管不情愿还是调去了经营支援事业部。

小A为了早日当上部长,在新事业部非常努力。而原本就在经营支援事业部工作的员工就产生了不想被顶替的心理,于是整个组织都有了活力。经常有人员更换,不断进行新陈代谢的组织更健全。

▼ 构建即使降职也可以恢复的体制

关于降职，在经营计划中也写明了方针。

公司拥有"即便降职，如果下次评价被评为 A 就能自动恢复"的体制。尽管等级下降，只要被评为 A 等级，下次就可以恢复到原来的等级。

幸运成为乐清事业部部长的小 A，因人事变动被降职为课长，但只要他在下半年被评价为 A 等级，就能再次恢复部长的职位。相扑的名次表一样，大关如果在决定胜负的一战中负多于胜，就会从大关降级。但是，如果在下场比赛中因取得 10 胜 5 负的成绩而领先，就可以自动恢复至大关。

如果职务较高的员工降职后一直不恢复，他的干劲也会逐渐减小。武藏野因为明确了自动恢复的体制，因此员工即使降职也可以有干劲。事实上，武藏野的管理人员一半以上都曾经有过降职的经历。

❺ 构建大家愿意为之努力的体制

▼ 最佳方案是构建用钱作钓饵的体制

无论我怎样苦口婆心地说"加油、努力",员工也没有行动。怎样才能让员工努力呢?

用钱作钓饵。(笑)

武藏野拥有让员工想为之努力的体制,特别津贴便是其中一个钓饵。工龄在10年以上的干部在购买房产时,公司会提供房产购买津贴援助,不是借给员工而是送给员工。如果是借的话,离开公司时,尚有剩余债务,(原)员工也会感觉不舒服。因此在公司有利润之际,干脆送给员工更好。

房产购买津贴金额会根据最近的评价(A以上、B、C以下)及集团(第4集团,第5、6集团,干部)不同而略有差异。

于是员工会有以下想法:

想在3年后买房子,那就要在买房前成为部长。

想挣得更多些,那就为了被评为A等级而努力吧。

如此一来,员工也有了长远目标。

总经理也一样。制订第 2 年的计划时,不能减少房产津贴的额度。最低也要保持同等金额,否则会被员工抱怨。因此,总经理就会想办法努力。

另外还有各种各样的公司大事及活动。在活动结束后,公司会召开反省会(回顾)。如果仅凭口头说召开反省会,大家不会有积极性。因此在这里也可以用钱作钓饵。

饮食费用由公司提供。

于是,员工抱着在可以用公司的钱喝酒这样的"不纯"动机,召开反省会。(笑)

话说回来,我也有每晚想去玩的"不纯"动机,并且这种动机成为铸就现在的武藏野的原动力。每晚都想去喝酒,如果工资不高根本不可能。为了提高工资只有提高公司的业绩,所以我一直很努力。(笑)

如果不害怕被误解,为了调动员工的积极性,用钱作钓饵是最佳策略。

只有努力才能赚到钱,如果不努力就赚不到钱。

为了让员工不产生抱怨并调动他们的积极性,事先明确信赏必罚原则非常重要。

武藏野的奖金评价是公开的,因此就算员工拿到的奖金只是上次的一半也不会抱怨(也有经历过从上年度的 216 万日元到下年度的 7800 日元大落差的员工)。相反,也有不少一口气自下而上连跳几级，新增了 100 万日元的员工。

有危机，也意味着有机会。在制度中既存在危机也准备了机会，谁都有挑战的权利，所以员工愿意努力。

第 5 章
5 年营业额翻倍的"人员计划"

总　结

▼　5 年营业额翻倍的人员计划是先决定"自上而下"的组织，然后再逐步构建"自下而上"的组织架构。

▼　提升全体员工的水平不可或缺。让全体员工进行"环境整备"，可以做到自我整理、整顿。

▼　以共享时间和场所的方式，实施员工教育。

▼　让优秀的员工与不怎么优秀的员工分开竞争，明确晋升或降职的规则，构建即使降职也可以恢复的体制。

▼　5 年营业额翻倍的人事制度，是以构建"用钱作钓饵"的体制作为调动员工积极性的体制建设。

第6章

5年营业额翻倍的『设备及资本计划』

❶ 不持有自有公司大楼

▼ 房租是经费，资产的返还是利润

我尽可能做到不持有固定资产。以总公司为首的营业场地等物件全部是租来的。为何不持有属于公司的总部大楼呢？

因为房租可以作为经费记账。如果购买土地建造总部大楼，就成为资产。资产的返还必须通过利润完成。

若总公司大楼按每月100万日元租用，那这100万日元就是经费。曾经有银行向我提议"贵公司创利不少，为何不建总部大楼啊""我们有不错的土地，可以低利息融资给贵公司""支付金额和现在一样，也是每月100万日元就可以了"。

无论租还是买，都是100万日元。这样好像买更合算，但其实买下来是吃亏。以常态利润为1000万日元的公司为例，比较下租时的费用和购买时的费用就可以明白了。

[租时]

常态利润：900万日元（100万日元房租被计为经费）

税金（50%）：450万日元　　预缴税款（25%）：225万日元

（共计 675 万日元）

剩余现金：900 万日元 −675 万日元 =225 万日元

［购买时］

常态利润：1000 万日元（资产的返还不能计作经费）

税金（50%）：500 万日元　　预缴税款（25%）：250 万日元（共计 750 万日元）

购买自有公司大楼的还款：100 万日元（资产从利润中返还）

剩余现金：1000 万日元 − 750 万日元 − 100 万日元 =150 万日元

由此可知，以租房付房租的方式手头会剩余较多现金，同时还可以节税。

经营者不因虚张声势而去建造总部大楼，也不因银行贷款的推销而受蛊惑。如果购买自有公司大楼，一旦公司出现赤字，每月的还款就会成为大负担。

土地不能折旧，而建筑物变成折旧费和经费需要一定的时间，固定资产也要缴税。但如果是房租，就可以压缩利润，税金也可以少缴。

租房时，降低保证金（或不交保证金），付高价房租是上策。

因为保证金是资产，是必须从利润中积累的。而房租是经费，可以使要缴的税金变低。即便每月房租稍高，但保证金为零的话，还是比较划算的。

工厂设备等可以创造利润的投资是有意义的，但不带来利润的投资最好不要去做。不持有无用资产，并压缩总资产，这才是健全的经营模式。

武藏野的设备投资是以改善工作和增加客户数量为目的的专门化投资。因此，即使营业额增加，总资产也不会增加。

制订长期事业计划时，假使决定5年后新建、增建工厂，为此，无论如何都需要购买土地，那么参与竞拍也是一种方法。

用5000万日元投标买下资产价值3亿日元的土地，银行认为这个土地的资产价值为5000万日元，但第二年评估价就达到了3亿日元。

将土地、建筑物作为经营者的个人资产，公司以适当的房租来租用，以积累部分利润，这种才是正确的做法。如果经营者没有个人资产，长子继承公司100%的股份之后，其他子女就没办法分到财产。

❷ 充分利用现金流动

▼ 自有资本占有率高也不一定稳定

以前银行会把钱贷给自有资本占有率高的公司，很多公司也认为自有资本占有率高的公司是好公司。但是现在不同了。大家会把钱贷给"自有资本占有率低，但现金流动顺畅的公司"。

武藏野是一家自有资本占有率低的公司。有多低呢？我们的自有资本占有率只有24%。为什么只有24%呢？因为我们有10亿日元的长期贷款。但是现金存款（现金和活期存款）有12亿日元，因此武藏野实际是无贷款的公司（2亿日元的正差余额）。

如果长期贷款全部还清，自有资本占有率就会上升吧？但是我不会全部还清。因为如果自有资本占有率上升，成为无贷款的公司，遇到紧急情况时，银行就不会贷款给我们了。

银行更关注公司的还款能力，而不是公司的收益（收益性的评分标准满分为15分，还款能力的评分标准满分为55分）。可以看出，与盈利相比，银行更重视的评价是持有现金金额。

很多经营者认为"我们公司在赚钱，银行就会借钱给我们"，但并非如此。银行考虑的是有无还款能力。

从武藏野的现金流动额来看,再增加长期贷款金额也没有问题。银行表示"已经贷给武藏野10亿日元,在此基础上还可以多贷",于是又贷给我们了。所以我们的资金很多。(笑)

▼ 即便出现赤字，只要有现金，照样能获得融资

某经营支援会员公司出现了连续 3 年赤字。但是，这个公司却有 60 亿日元现金。那家公司的总经理在 4 年前对我说：

"60 亿日元的贷款，利息负担太重，我想把钱还给银行。"

我立即回答说"不行"，因为尽管向银行支付了利息，公司仍然可以有交易的利润，所以还是不还的好。

后来，发生了东日本大地震，同行们忽然之间都陷入了赤字危机。但是，这家公司因为有大量现金，银行判断其有返还能力，就决定可以提供融资。

很多经营者认为"公司盈利银行就会贷款，赤字就不贷款"。其实并非如此，银行看的是这个公司是否会倒闭。如果银行知道公司虽然赤字但现金流量好，垮不掉，就还是会贷款给公司。

就算出现紧急情况，如果可以确保有月交易总额 1 倍的现金或活期存款（如果是月营业额 3 亿日元的公司，就要有 3 亿日元的现金），就无须惊慌。武藏野以 3 倍为目标，在经营计划书中写明了"要确保有月交易总额 3 倍的现金或活期存款，以提高紧急支付能力"。

❸ 有意识地改变 B/S

▼ 使资产数字移到科目上方，负债数字移到科目下方

平衡表（B/S，资产负债表）的"资产类"中，有现金存款、定期存款、应收票据、应收账款、存货等，属于将积累的钱和利润转换成资产的会计科目（流动资产）。科目顺序是按照现金化的难易度计入的。

在"负债及净资产类"科目中，有应付票据、应付账款、应付费用、应付手续费等，属于从什么地方筹措了多少资金的会计科目（流动负债）。此科目顺序是按照资金筹措难易度计入的。

越是排在资产负债表上方的资产科目（易转换为现金的科目），银行的评价越高。与土地和建筑物相比，同等价值的现金存款，对银行来说较容易回收。

反之，如果是负债，资产负债表下方科目（不易筹措现金的科目）的数字越大，评价越高。银行会认为，与应付票据和应付账款相比，长期贷款和公司债务数额越大，信誉度越高。

要想提高银行的评价,以下是永恒的定律:

资产类,越容易转换为现金的科目越往上移。

负债类,越不易筹措现金的科目越往下移。

资产类的会计科目全部由经营者决定,决定各种存款需要多少,是否接受票据以及可以有多少存货等,全部看经营者自己的决定。这一点上负债类与资产类一样。

总之,如果有意识地让平衡表中的会计科目移动,即使总资产不变,银行的评价也会发生改变。

移动资产负债表中科目的数字

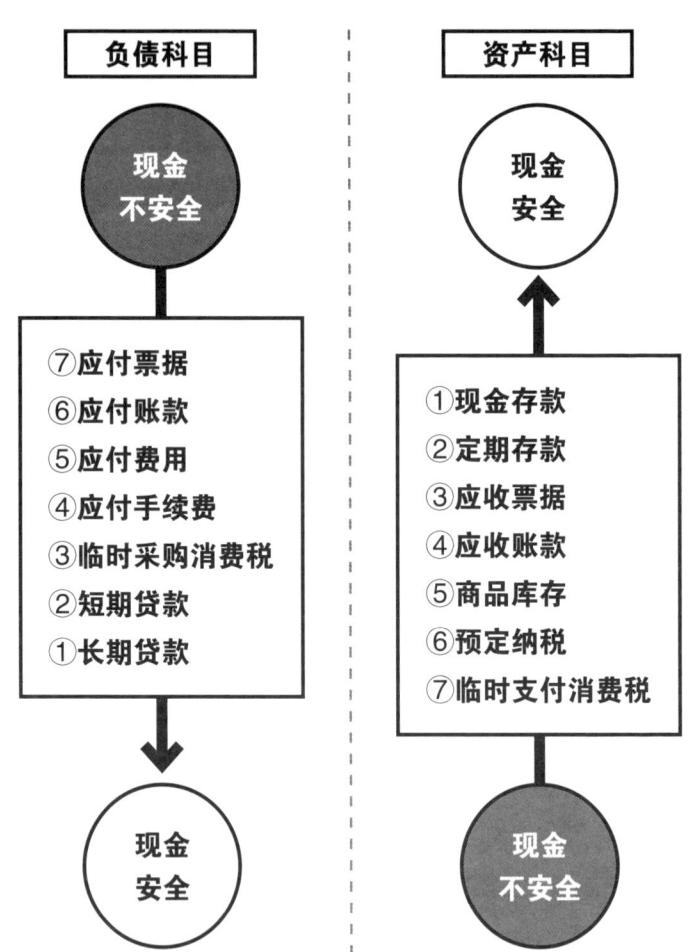

资产部分,将数字移至易转换为现金的上方会计科目。负债部分,将数字移至不易筹措资金的下方会计科目。

▼ 贷款时,尽管利息高,也要拉长返还期限

很多经营者选择短期贷款而不是长期贷款,因为短期贷款的利息比长期贷款的利息便宜。

但作为经营者,不能只关注眼前的利息。在经营公司的过程中,重要的不是利息而是金额。我认为,即使利息稍高,能长期贷入资金更为重要。经营的前提条件是增加客户的数量。为此,必须投入金额。

很多经营者因贪图利息便宜,就选择短期贷款,以致面临资金周转困难的局面。其实,返还期限越长越好。尽管利息高,也要拉长返还期限,这是贷款的基本原则。

❹ 不增加应收账款及库存

▼ 库存多也卖不出去

武藏野公司以构建增加营业额,但不增加应收账款和库存的财务体制为目标。

乐清事业部的营业额增加,库存也会增加。因为是售后付款的方式,应收账款也会增加。但是,经营支援事业部的进账是现金,且是预付的方式。因此公司从长远角度考虑乐清事业部和经营支援事业部的比率后,制订了方针。

有的经营者认为库存多,就卖得好。事实并非如此。卖得好的商品不会有库存,商品正是因为卖得不好才会成为库存。

进货时,要进畅销商品,而不进滞销的商品。再便宜,滞销的商品也没有用处。严格管理库存,不增加库存的金额非常重要。

以前,在小金井分店的仓库里放了一批生活垃圾处理机。当时采购了35台,一年下来却只卖了10台,剩下25台。那么这种情况下,我是如何处理这些卖不出去的生活垃圾处理机的呢?

我把它们全扔了。

很多经营者会盲目乐观地认为"或许还会卖出去"或者"没问题，总有一天会卖出去"，所以继续保留库存。他们认为没有库存会感觉不踏实，无论哪家公司都有大量库存，只要有大量库存就会感觉踏实。

但是真正畅销的商品，既不会堆在仓库也不会堆在门店里。因此，过了半年以上还卖不出去的商品，狠狠心闭着眼睛，全部扔掉，才是正确的选择。

▼ 应收账款增加导致现金不足,这是导致破产的主要因素

如果没有"应收账款"及"应付账款"的概念,就会有招致破产的危机。

营业额和现金并不一定相等。如果以 10 日元买入,以 20 日元卖出,可以赚到 10 日元的差额。但如果用现金买入,而以赊销的方式销售,即使账面上有利润,实际现金却减少了。

如果不明白这一点,就会出现盈利却倒闭的情况。

1993 年我启动了 AKR 事业部(销售照明设备的业务),营业额持续增长,然而卖得越多毛利率却越下降,应收账款大量增加。因为卖得好进货量也增加,但由于回款周期长,应收账款转为现金滞后,出现了只出账不进账的情况,最终导致周转资金不足。

商品热销,周转资金却不足,AKR 事业部的应收账款逐渐超过了全公司的利润,于是我决定撤出。

评价等级在 7 以下的公司,3 年增长 126% 以上,也实现了增收增益,却倒闭了,其倒闭原因就在于应收账款和库存增加而导致了现金不足。

作为经营者,应懂得压缩库存和应收账款,有意识地改变会计科目,这非常重要。

▼ 通过以 B/S 为中心的长期计划取得惊人的增长

冈山县的加茂纤维股份有限公司（内衣及针织品的制造销售），因角野充俊总经理通过 B/S 对经营状况进行了判断，取得了快速增长。

"以前我都是通过 P/L（利润表）看问题的，因此关注的只是输或赢。但制订长期事业计划后，开始明白 B/S 的重要性。通过数字，我了解了为了 5 年、10 年后的发展，'现在应该做什么'的意义。"（角野总经理）

加茂纤维，是大型内衣制造厂的 100% 承包公司，角野总经理担心"只靠承包没有前途，承包不到业务就会倒闭"，所以积极参与了新业务。曾经占总业务 80% 的承包业务，现在已减少至 10%。公司已脱离承包，自立为制造零售业（邮购）。

"我们公司是可以利用 JIT 准时化体系进行制造的，可以一件件加工服饰商品。如果通过邮购，当月就可以回收资金，因此就算公司迅速发展，资金也可以周转。因为应收账款不增加，也不会出现资金短缺的问题。商品的库存也只有营业额的 15% 左右。之所以可以提高现金的比率，是因为我们了解 B/S 的重要性。要想建立一家不会倒闭的公司，拥有大量现金存款就可以了。与第一次制订长期事业计划时相比,现在有相当于那时10倍的现金存款。"
(角野总经理)

以前的加茂纤维,采取的是无贷款经营,现在则从银行贷款,放在人才教育等为将来做打算的投资项目上。

❺ 总经理独占股份

▼ 股票持有率达 51% 也并非稳如磐石

公司里有两把椅子,"总经理的椅子"和"公司所有权人的椅子"。这两把椅子哪把更重要呢?

是"所有权人的椅子"!

公司里,把持有表决权的股权过半数(51%)的股东称为"控股股东"(股权中也有不具表决权的)。

股东大会可以决定的决议分为:一般决议(普通决议)和特别决议。

一般决议需由持有表决权总数的半数以上的股东出席,出席股东半数以上同意(表决权并非一人一票,而是由股票数决定),方可视为通过。

但是决定公司重要事项的特别决议,即使获得半数以上的出席股东的同意也不能视为通过,必须获出席股东的三分之二以上(67%以上)通过才可以。即便是控股股东也不能表决重要事项,因此失去公司所有权的事例也发生过。

公司的支配权由股权的持有率决定。持有率越高，就越能在股东大会上按照自己的意愿做决定。可以说，能决定公司重要事项的是持有67%以上股权的人。

也有人对独占股权存在抵触情绪，但对于中小企业来说，股权由总经理独占是正确的选择。

因为可以快速决策。如果股权分散，公司决策就会变慢，不能快速顺应时代的变化。

▼ 即使贷款也要提高持股率

创始人（藤本寅雄先生）去世后，我成为武藏野公司的总经理，当时我持有的股权为零。创始人家族拥有100%的股权（创始人去世后的第一年，藤本先生的夫人担任总经理，第二年我才就任总经理）。

数年后，我对创始人的儿子说："我退下来，你做武藏野公司的总经理吧。"创始人的儿子说不想做。

于是，我决定买下股份。我从银行贷款，用1亿6000万日元取得了武藏野的股权（全部股票的85%，其余15%为了让创始人家族可以分红，由创始人家族持有）。

武藏野公司之所以强大，是因为我持有67%以上的股权。

持股率达不到67%以上的总经理可以说是"打工的总经理"。如果其他股东合作，很轻易地就会被解除职务。为了保持经营的稳定性，即使从银行贷款，减少留存利润，也应该使总经理的持股率达到67%以上。

第 6 章
5年营业额翻倍的"设备及资本计划"

总　结

▼ 按照5年营业额翻倍的设备计划,房租可以计入经费,因此不持有自家公司大楼。

▼ 与其提高自有资本比率,不如促进现金流动。

▼ 将B/S"资产类"的数字移至科目上方,"负债类"数字移至科目下方。

▼ 按照5年营业额翻倍的资本计划,为了防止破产,以构建不增加应收账款及库存的财务体制为目标。

▼ 5年营业额翻倍的资本计划,总经理持股率应达67%以上。

作者简介

小山升（Koyama Noboru）
武藏野股份有限公司董事长兼总经理

1948年出生于日本山梨县。毕业于东京经济大学，先是就职于日本SERVICE MERCHANDISER股份有限公司（现武藏野股份有限公司）。曾创业自营公司，1987年又重回武藏野股份有限公司，1989年担任公司总经理至今。将"一个只有两名大学毕业生，没有像样人才的落后集团"发展为每年增收增益的优秀企业。2000年、2010年两度荣获"日本经营质量奖"。

从2001年始创建"经营支援事业部"，用以介绍该公司经营体制。除了指导500多家会员企业以外，还在全国各地举办一年多达240次的"实践经营学校""实践干部学校""经营计划书研讨会"等演讲及研讨会。

主要著作有"总经理决定系列"的《把经营计划归结为1本手册》《赚钱老板对钱的看法》《绝对不让公司倒闭的强大员工培养方法》（以上均由KADOKAWA中经出版）《优秀工作者的经验谈》（阪急交流）等。